AF453654

CONFÉRENCE

SUR

LA CHINE

faite à FONTENAY-LE-COMTE

à MM. les OFFICIERS du 137ᵉ Régiment d'Infanterie

Le 15 Février 1902

Par le Capitaine **PROUTEAUX**

———

(Le Chapitre II a été traité en conférence par le Lieutenant **STRAUSS**)

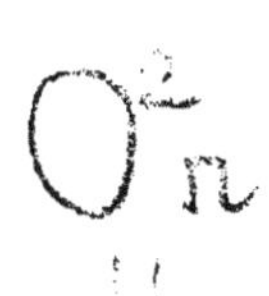

FONTENAY-LE-COMTE

IMPRIMERIE L.-P. GOURAUD

—

1902

PROGRAMME

I

La question d'Orient telle qu'il faut l'envisager à la veille des derniers
événements de Chine.
Les causes directes et indirectes de la guerre.

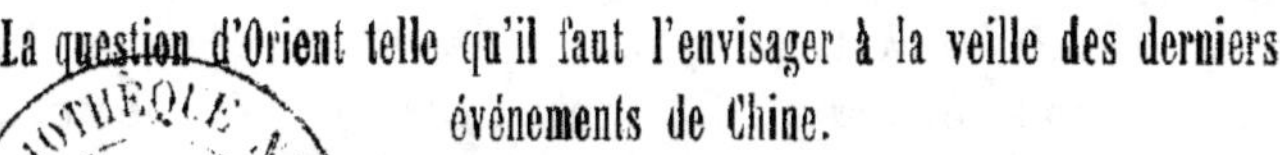

Mon Colonel,

Messieurs,

Il y a beaucoup à dire sur la Chine, et la tâche m'est légère de venir vous en parler aujourd'hui tellement le champ est vaste et malgré les nombreuses lectures que vous avez pu faire sur ce sujet.

Il m'a paru tout d'abord intéressant de venir mettre au point certaines questions sur lesquelles notre attention doit de plus en plus se fixer, et que nul d'entre nous ne doit ignorer, tant il est vrai que l'avenir est très confus vers l'Extrême-Orient et que notre France doit le scruter à chaque instant, étant devenue une véritable puissance asiatique puisqu'elle gouverne aux portes même du Céleste-Empire, un autre empire de 20 millions d'âmes ; l'Indo-Chine.

Nous ne pouvons donc rester indifférents à cette grandiose préparation d'avenir qui s'élabore dans le monde jaune ; à nous d'étudier.

Selon la tradition de son histoire, la France a été en Extrême-Orient une initiatrice ; la première elle a noué des relations avec la Chine en y assumant la protection des Missionnaires et en obtenant l'ouverture de ports de commerce.

Nous avons dans l'Empire du Milieu, une influence à conserver et à agrandir, un rôle glorieux d'éducateurs à soutenir, nous avons aussi une part de bénéfices à tirer du nouvel essor économique qui s'annonce, il nous appartient donc de nous tenir au courant des faits qui se déroulent journellement en Extrême-Orient.

Quel était en 1900 notre situation en face de cette question d'Extrême-Orient, dans quelle voie s'est engagée notre politique et dans quel sens il convient d'orienter nos efforts, c'est ce que nous allons tenter de dégager.

« Aussi bien est-ce pour notre destinée dans le monde une question vitale, car c'est dans le partage actuel des territoires, des influences et des sources de richesses du globe tout entier, que se préparent des lendemains de prospérité et de puissance pour les nations qui seront, aux siècles prochains, les directrices de la vie civilisée, et les protagonistes de l'histoire humaine. »

« La France doit à elle-même et à son passé d'être l'une de celles-là. » (Pinon).

Et d'abord quelques mots sur la pénétration étrangère en Chine avant la guerre Sino-Japonaise qui marque dans la question d'Extrême-Orient une étape bien déterminée et qui va précipiter les événements avec une déconcertante rapidité, tellement l'intervention de ce nouveau larron a été soudaine, décisive, radicale.

J'ai dit précédemment que la France avait été la première des nations à entretenir des relations avec la Chine et je me hâte d'ajouter que ces relations amicales étaient toutes désintéressées : la fille aînée de l'Eglise ne se souciait alors que de protéger ses Missionnaires, sans arrière-pensée de profits à tirer, sans parti pris de lucre.

Si au contraire, nous plaçant à un tout autre point de vue, nécessaire peut-être, mais à coup sûr moins noble, celui des convoitises, nous voyons figurer au premier rang, par l'ancienneté de ses rapports officiels et par la continuité de ses visées politiques, la Russie.

Je m'explique.

Napoléon Ier disait : « La politique des grands Etats est dans leur Géographie. »

Jamais, je crois, aucune puissance continentale n'a

présenté une interprétation aussi complète de la pensée de l'Empereur.

Le souci constant de la politique des tsars a été de donner aux immenses plaines moscovites un débouché vers la mer. Or, arrêtée à l'Ouest par la puissance allemande, au Nord par les glaces, au Sud par la « question d'Orient », la Russie n'a jamais oublié que l'aigle à deux têtes a les regards également tournés vers l'Occident et l'Orient, et elle a cherché en Asie ce que lui refusait en Europe, la nature et les hommes.

Depuis le XVIIe siècle, la diplomatie russe a suivi une ligne de conduite dont elle ne s'est jamais écartée.

Travaillant patiemment, sans heurts, sans éclat, sans secousses, elle entoura peu à peu l'Empire du Milieu d'une immense ligne de circonvallation qui, partant de l'Hindou-Kouch aboutissait aux frontières de Corée, et enfin en 1858 triomphait en arborant les couleurs impériales au port de Vladivostock.

La mer était enfin atteinte ; la Russie avait enfin un port libre de glaces, du moins pendant huit mois de l'année ; les mânes de Pierre-le-Grand pouvaient enfin reposer en paix.

Enhardis par ce premier succès, les diplomates russes voulurent continuer leur œuvre patiente d'acheminement, et, sans autre forme de procès, occupaient en 1885 Port-Lazareff sans plus de bruit qu'ils n'en avaient mené pour prendre pied à Vladivostock.

Tout semblait aller à souhait pour la Russie lorsque, jalouse comme partout et toujours des bonnes aubaines du prochain, l'Angleterre entra en lice.

Les progrès des Russes en Chine d'une part, l'occupation en 1885 des îles Pescadores par l'amiral Courbet, d'autre part, donnèrent à penser à l'Angleterre qu'il se donnait par delà les mers un grand banquet auquel elle n'était pas conviée et une fois de plus, intruse, elle s'invita.

Ripostant par un coup droit au cabinet de Saint-

Pétersbourg qui avait fait occuper Port-Lazareff, le cabinet anglais fit occuper l'îlot et la baie de Port-Hamilton (10 mai 1885). — Le coup portait, car installés là, les Anglais commandaient le détroit de Corée et enfermaient les Russes dans la mer du Japon.

Une longue série de notes aigres-douces fut échangée entre les deux cabinets, et fidèle à sa politique de recueillement, la Russie, pour éviter un conflit inévitable, consentit à abandonner Port-Lazareff si l'Angleterre évacuait Port-Hamilton.

Ces concessions mutuelles se firent d'autant plus facilement que la Russie y mettait toute sa bonne foi et surtout qu'après examen l'Angleterre avait reconnu que sa nouvelle acquisition n'était rien moins que fort médiocre ; la rade de Port-Hamilton ayant été reconnue très mauvaise et l'îlot intenable.

Inutile d'ajouter que l'Angleterre mena grand bruit de sa politique toute de désintéressement et de conciliation.

Renonçant provisoirement à de nouvelles acquisitions territoriales, la Russie se tourna alors d'un autre côté et commença l'œuvre grandiose du chemin de fer transsibérien qui devait draguer jusqu'au confins de l'Occident les richesses de l'Extrême-Orient.

En résumé, jusqu'à la guerre Sino-Japonaise deux puissances européennes sont seules en présence en Chine : l'Angleterre, la Russie.

Chacune d'elles s'apprête à disséquer peu à peu et sans bruit le vieil homme malade, lorsque les canons japonais viennent soudainement tout bouleverser et créer une question générale d'Extrême-Orient où toute grande puissance aura l'obligation de jouer un rôle.

Examinons donc rapidement la suite chronologique des faits qui s'étendent de cette guerre jusqu'à nos jours.

Quand eut lieu, au milieu de 1894, la guerre entre la Chine et le Japon, l'Empire chinois jouissait d'une réputation de force absolument surfaite.

En moins d'un an, les Japonais conquéraient la Corée, la Mandchourie, détruisaient l'escadre chinoise, s'emparaient de Port-Arthur et de Weï-Haï-Weï, et étaient prêts à marcher sur Pékin.

Les Japonais réclamaient une indemnité de guerre de deux milliards, Formose, les Pescadores, Port-Arthur, le Liao-Toung, la Mandchourie, la Corée indépendante et l'Empire chinois devait ouvrir au commerce européen toutes ses côtes et ses grands fleuves jusqu'aux points les plus éloignés.

Ces conditions causèrent en Europe une véritable stupeur.

La France et l'Angleterre, qui convoitaient de s'étendre au Yun-Nan et à l'embouchure du Yang-Tse, étaient d'abord favorables au Japon, mais l'intervention de la Russie, la grande protectrice en sous-main de la Chine, protectrice d'ailleurs intéressée, changea la face des choses.

La Russie se déclarait adversaire de tout progrès nouveau du Japon et lui signifiait d'évacuer la Corée.

Le Japon fit mine de résister, mais la Russie obtint le concours de la France et de l'Allemagne et on imposa au Japon « une paix aussi honorable pour la Chine qu'humiliante pour le Japon », selon M. de Lanessan.

Le traité de Smionosaki fut remanié d'après les conditions suivantes :

1° La complète indépendance de la Corée est reconnue.

2° La Chine cède au Japon : Formose et les Pescadores.

3° La Chine paye une indemnité de 800 millions et comme garantie occupation de Weï-Haï-Weï.

4° Ouverture de nouveaux ports.

5° Liberté de commerce sur tous les marchés de l'intérieur réservée jusque-là à l'Angleterre seule qui en avait d'ailleurs profité pour empoisonner d'opium la Chine entière.

6° Enfin faculté aux étrangers de construire des usines et machines dans les ports ouverts.

Ces clauses furent obtenues par la diplomatie seule, sans aucune menace.

On crut alors qu'une paix de longue durée allait permettre à la Chine de réparer ses désastres. Mais il fallait compter avec le Japon mécontent, avec l'Angleterre furieuse que le règlement des affaires d'Extrême-Orient se fût fait sans elle, avec l'Allemagne décidée à devenir une puissance de premier ordre, et pour répéter une phrase du début, les événements vont se succéder avec une déconcertante rapidité pour arriver à un nouveau système d'intervention inauguré par l'Empereur d'Allemagne, celui de la brutalité, de la spoliation à main armée.

A la suite de la guerre Sino-Japonaise, la Chine était obligée d'emprunter aux États européens pour s'acquitter de l'indemnité de guerre. Ce fut la Russie qui eut l'avantage de fournir à la Chine les 500 millions nécessaires au premier à compte.

L'argent français afflua pour cet emprunt ; c'était le moment où l'alliance franco-russe venait de se conclure, et c'est avec un élan enthousiaste que nous mîmes nos fonds à la disposition de la nation alliée. Notre mouvement de générosité fut plein de noblesse, car la Russie ne jouait en réalité dans ces négociations qu'un simple rôle de courtier et laissait habilement croire à la Chine que c'était l'argent russe qui venait en aide au trésor du Fils du ciel. Elle en profita immédiatement d'ailleurs en prestige et en prétentions.

Les diplomates russes, en effet, ne perdirent pas leur temps, et dès l'année suivante, vers la fin de 1896, un traité secret conclu à Pékin entre les deux Empires, et connu sous le nom de convention Cassini, accordait à la Russie des avantages considérables.

Autorisation de faire passer le transsibérien par la Mandchourie avec postes militaires pour la garde de la voie ; concessions de nouveaux chemins de fer (Chan-Haï-Kouan à Moukden); exploitation des mines de Mandchourie;

location de la baie de Kouang-Tchéou pour 15 ans.... etc. ; enfin, avantage énorme, les Russes obtenaient en Corée les mêmes droits que les Japonais.

Pour masquer les avantages immenses qu'elle venait d'accorder à la Russie, la Chine, toute confiante dans sa grande protectrice, mais aussi ne tenant aucunement à ce que de nouvelles grandes protectrices vinssent à un tel prix lui offrir des services intéressés, jeta en pâture aux nations européennes quelques lambeaux de sa propre chair.

Le régime dit des « compensations » commençait.

Qu'entend-t-on par compensation ? La chose est bien simple ; dès que la Chine se voit contrainte et forcée de faire une concession quelconque à une nation, elle doit de suite offrir « en compensation » à toutes les autres nations des concessions analogues.

C'est ainsi qu'en compensation des avantages accordés à la Russie, l'Allemagne n'obtenait que quelques hectares de terrain à Tien-Tsin.

Que la France se voyait satisfaite par une vague délimitation de frontière au Yun-Nan.

Seule l'Angleterre était un peu plus favorisée en obtenant des rectifications de frontières assez importantes en Birmanie et des droits de navigation sur le Si-Kiang.

La France se contenta de ronger l'os qui lui était donné, tellement, dans toutes ces questions, elle a été admirable de désintéressement et de générosité.

Mais la Russie allait avoir à sa suite deux féroces carnassiers ; l'aigle impérial de Prusse et le Lion Britannique.

La grande partie va alors se jouer et si, Messieurs, je donne à cette première partie de ma conférence une si grande importance, c'est afin que vous puissiez établir vous-mêmes un parallèle entre la France et les autres nations européennes, parallèle tout à notre honneur.

Le jour de la Toussaint 1897, à Yen-Tchéou-Fou, dans

le Chan-Toung, deux ecclésiastiques appartenant aux Missions catholiques « françaises « mais, Allemands d'origine, les pères Hies et Ziegler, furent massacrés.

Le 17 novembre, quand le gouvernement allemand se fut rendu compte que la France, protectrice officielle des Missionnaires, n'intervenait que discrètement par des représentations platoniques, il résolut d'agir catégoriquement.

L'Empereur d'Allemagne trouvait enfin un semblant de prétexte ; il était temps d'agir.

Les croiseurs allemands reçurent l'ordre d'occuper la baie de Kiao-Tchéou, et le prince Henri de Prusse, frère de l'Empereur, nommé commandant en chef de l'escadre d'Extrême-Orient, était chargé d'aller en personne à Pékin exiger les réparations nécessaires.

Et lorsque, lors de son départ, l'Empereur Guillaume II, dans un de ces discours à grand orchestre, dont seul il a le secret, l'invita à faire sentir au besoin « sa dextre gantée de fer », on dut se convaincre que l'occupation de Kiao-Tchéou serait définitive et qu'il ne serait plus désormais question de cessions à bail.

L'acte de brutalité était consommé, et les avantages de la possession de Kiao-Tchéou devaient être supputés depuis longtemps sur les bords de la Sprée, car la baie chinoise a toujours été convoitée en Europe, c'est le débouché du Chan-Toung dont la population est aussi dense que celle de la Belgique, et la ville de Kiao-Tchéou, elle-même, est encore considérable.

Je passe sous silence d'autres avantages connus plus tard et que l'Allemagne obtenait par le même traité de Pékin le 6 mars 1898 ; il n'y a pas encore quatre ans.

Devant ce coup de force primant tout droit, quelle allait être l'attitude des autres puissances !

L'Angleterre parut tout d'abord vouloir laisser faire.

Elle cherchait à négocier avec l'Allemagne le dernier emprunt de 400 millions dont la Chine avait besoin pour régler l'indemnité de guerre ; malgré cela elle demandait en « compensation » des avantages obtenus par l'Allemagne, l'adjonction des ports ouverts de Talien-Wan dans le Liao-Toung, que les Russes convoitaient.

Mais l'Angleterre fut devancée cette fois par la Russie qui, habilement se fit demander aide et protection par la Chine contre l'Allemagne et, comme tout service appelle salaire, l'escadre russe occupait Port-Arthur le 18 septembre 1897, jetant ainsi un écran opaque entre Pékin et les regards de convoitise qui, de Kiao-Tchéou se dirigeaient déjà vers la ville impériale.

L'Angleterre d'abord favorable, comme nous venons de le voir, à l'Allemagne, ne persista pas longtemps dans ces sentiments ; puisque chacun prenait ce qui lui convenait en Extrême-Orient, pourquoi elle aussi, n'assisterait-elle pas à la curée ?

Rapace, selon sa tradition, elle prit un gros morceau et, à la fin de février 1898, elle concluait avec la Chine un traité en vertu duquel elle obtenait les concessions suivantes :

1° Les navires européens pourraient naviguer sur tous les cours d'eau à l'intérieur de la Chine.

2° La vallée du Yang-Tsé-Kiang ne serait jamais cédée ni donnée à bail à une puissance étrangère.

3° Le poste général d'Inspecteur des douanes resterait toujours réservé à un sujet britannique.

4° L'emprunt chinois de 400 millions de francs est négocié en commun entre une banque anglaise et une banque allemande.

Or, le poste d'Inspecteur général des douanes en Chine correspond à celui de ministre des finances, car ce sont les seules recettes chinoises.

Le bassin du Yang-Tsé-Kiang est le plus riche et le plus peuplé.

L'Angleterre, en cas de partage de la Chine, se réservait la plus grande part.

La réponse à l'Angleterre ne se fit pas attendre.

Le 15 mars 1898, la Russie obtenait la cession à bail pour 25 ans, de Port-Arthur et de Talien-Van, et la concession d'un chemin de fer les reliant au transsibérien.

Toujours le régime des « compensations ! »

La presse anglaise estime alors que la cession de Port-Arthur équivaut à l'annexion de la Mandchourie, et réclame une action énergique.

On crut un moment à la guerre. Le Japon semblait vouloir s'allier à l'Angleterre.

La Russie sut éviter l'intervention du Japon en déclarant laisser le champ libre en Corée et renoncer à toute intervention.

L'Angleterre, qui n'avait nullement l'intention de se battre (on n'aime pas beaucoup les questions qui se vident sur le terrain, de l'autre côté de la Manche) mais de crier, comme toujours, mécontenta fortement les Japonais en se faisant céder Weï-Haï-Weï qu'ils ambitionnaient et occupaient encore.

Par traité du 4 avril 1898, la Chine cédait à bail à l'Angleterre (et quel fin diplomate que celui qui trouva le système des cessions à bail ; c'est plus fort que les compensations ; c'est le triomphe du provisoire définitif) cédait à bail à l'Angleterre, ai-je dit, dans les mêmes conditions que Port-Arthur, la deuxième sentinelle du Pé-Tchi-Li, Weï-Haï-Weï.

Le Japon fut profondément humilié par les agissements du cabinet anglais. On connaissait mal l'Angleterre à Tokio, le Mikado ignorait les auteurs occidentaux sans quoi notre La Fontaine lui eût appris que, lorsqu'on tire les marrons du feu, il faut se hâter de les manger.

Les Russes profitèrent d'ailleurs de cette pseudo-faute de l'Angleterre en concluant avec le Japon, le 13 avril 1898, le traité au sujet de la Corée constituée en « Etat tampon » entre les deux empires.

Carte générale de la **CHINE**

Mais, je n'ai pas encore parlé de la France, et une question se pose.

Que faisait la France dans cet accord universel ? Modeste dans ses prétentions, elle obtenait, par traité du 5 avril 1898, le lendemain de la cession de Weï-Haï-Weï, les concessions suivantes :

1° Engagement formel de la part de la Chine de n'aliéner à aucune autre puissance l'une quelconque des trois provinces limitrophes du Tonkin, Yun-Nan, Quang-Si, Quang-Toung ainsi que l'île d'Haï-Nan.

2° Cession à bail par la Chine aux conditions obtenues par l'Allemagne à Kiao-Tchéou de la baie de Kang-Tchéou.

3° Attribution à la France du droit de construire un chemin de fer de Lao-Kaï à Yunan-Fou.

4° Engagement de la part de la Chine de choisir toujours un français comme directeur général des postes.

Ces avantages sont d'autant moins importants que les provinces du Sud sont pauvres, que la baie de Kang-Tchéou est d'une entrée difficile et en dehors de toute ligne de navigation, et enfin que l'île d'Haï-Nan, sur laquelle nous renoncions toute prétention parce qu'on la croyait malsaine et infestée de pirates, a été reconnue, lors d'une exploration faite par M. Mardrolle, comme jouissant d'un climat très salubre et ignorant absolument les incursions des pirates.

Nos hommes d'État apportaient dans leurs prétentions en Chine la même... modération qu'ils montraient quelques jours après à Fachoda.

Ce traité était à peine conclu que le 5 mai 1898 on recevait la nouvelle du massacre du père Berthollet au Quang-Si.

Encore de la modestie dans nos prétentions si justifiées ; châtiment des coupables, 100 000 francs d'indemnité et une concession de chemin de fer.

Comme vous le voyez, Messieurs, nous avions peu demandé à l'encontre de la Russie, de l'Allemagne et de l'Angleterre et bien que cela, cette dernière, se basant sur nos dernières revendications, obtenait le 9 juin une concession sur la presqu'île de Kao-Lung en face de Hong-Kong.

Cette cession faite à l'Angleterre était en contradiction flagrante avec le traité franco-chinois qui, comme je l'ai dit plus haut, interdisait expressément à la Chine d'aliéner aucune portion de territoire limitrophe du Tonkin !

Remarquons en passant qu'il est assez bizarre que cette concession soit accordée à l'Angleterre comme conséquence de l'assassinat d'un missionnaire français — Berthollet !

Mais passons, nous étions alors d'une patience inlassable ; nous venions de supporter Fachoda, et les événements qui suivirent cet épisode navrant eurent leur contre-coup en Chine.

A Chang-Haï, notre consul ayant demandé l'extension de la concession française devenue trop étroite, le ministre d'Angleterre à Pékin protesta énergiquement et l'affaire n'a pas de solution ; ce n'est pas tout.

Le gouvernement français demande à la Chine l'autorisation d'agir contre les révoltés qui menacent nos frontières du Tonkin, l'Angleterre agit auprès du Tsung-li-Yamen et ce droit nous est refusé ; arrive alors l'affaire de Kouang-Tchéou-Wan où nous nous décidons enfin à montrer un peu de fermeté.

Deux enseignes de vaisseau sont massacrés à Kouang-Tchéou, le père Chanez est tué, des troubles éclatent dans le Yun-Nan et peu s'en faut que par les agissements anglais, nos justes revendications ne soient encore repoussées.

Nous obtenons cependant ce que nous demandons, car la Russie est gorgée; l'Allemagne nous ménage, car elle a un projet derrière la tête; enfin les actions de l'Angleterre commencent à baisser en Chine depuis que les mules de Ladysmith, effrayées par les canons boërs, se sont enfuies entraînant après elles toute l'armée anglaise et que lord

Buller reste trois mois derrière la Tugela sous prétexte qu'il ne trouve pas de gué.

Actuellement l'Anglais est perdu de réputation en Chine, l'Allemand y est détesté comme un brutal, le Russe y est subi, reste le Français qui seul y est supporté.

Voilà, Messieurs, résumée autant que j'ai pu le faire, la question d'Extrême-Orient telle qu'elle doit être envisagée à la veille des derniers événements.

Peut-on maintenant s'étonner qu'en Chine l'étranger soit détesté ? Assurément non, et je crois qu'il n'est pas besoin d'aller plus loin pour chercher l'explication du « sus à l'étranger » et de la « Chine aux Chinois » qui étaient les cris de ralliement des Boxeurs.

Je sais que pour expliquer le siège des légations et les massacres des chrétiens chinois du mois de juin de l'année dernière, on a essayé d'égarer l'opinion publique en lui cachant toutes les saignées faites dans l'Empire du Milieu par les nations européennes pour reporter toutes les fautes sur les Missionnaires.

La faute de tout le mal, a-t-on dit souvent, est la propagande imprudente des missions, car les acquisitions territoriales que nous avons obtenues en Chine ont été consenties amicalement.

Il ne faut pas, Messieurs, nous égarer sur cette piste.

Evidemment il y a eu quelques maladresses commises par les Missionnaires qui entr'autres ont eu le grave tort de vouloir être assimilés aux mandarins de 5ᵉ ordre, tenant ainsi en échec l'autorité des mandarins d'ordres inférieurs qui, mécontents, ont fait appel au peuple avec lequel ils sont en contact comme préfets et sous-préfets. Mais ces fautes doivent être jugées comme fautes de détail incapables de déchaîner la fureur d'un seul Empire contre toutes les nations à la fois.

Disons plutôt qu'en Chine on a rendu les Missionnaires responsables de l'invasion occidentale ; ils ont été considérés comme les éclaireurs de ces nations et tout le mal fait en Chine par elles leur a été imputé.

L'accusation portée contre les missions parut d'ailleurs très concluante en Europe parce qu'elle était concise et claire et puis parce qu'elle est à la portée de toutes les intelligences et satisfait la foule, qui va d'instinct aux solutions simples.

En réalité, comme je viens de le dire, ce que les Chinois ne pardonnent pas aux Missionnaires, c'est d'avoir frayé la route à la conquête économique et industrielle. En fait, ils furent non point la cause, mais les premières victimes de l'agitation anti-étrangère. Leur situation est maintenant à tous égards plus précaire que dans le passé, car les armées internationales sont déjà parties, mais les Missionnaires sont restés et le Chinois n'a pas oublié.

Ne semble-t-il pas d'ailleurs plaisant de voir les promoteurs de la régénération chimérique de la Chine, les marchands de locomotives, les importateurs de rails, de canons et d'obus rejeter sur autrui la responsabilité de leurs déconvenues et demander de quel droit on venait importuner ces pauvres Chinois en leur offrant des catéchismes et des bibles ?

Je n'insiste pas, Messieurs, sur ce sujet délicat, il a d'ailleurs été traité magistralement dans un ouvrage que je vous recommande et intitulé *La Chine qui s'ouvre,* de René Pinon.

Pour mon compte personnel, je résumerai cette partie de ma conférence dans les mots suivants :

Il faut qu'une Chine soit ouverte ou fermée.

Si elle doit s'ouvrir, ce qui n'est peut-être pas indispensable au bonheur de l'humanité, que toutes les entreprises y aient le champ libre, les spirituelles et les temporelles et que chacun, dans sa sphère, conserve ses responsabilités.

Comme je tiens à traiter complètement la question, je ne puis passer sous silence les luttes intestines qui.

dévoraient la Chine au moment des derniers événements et qui n'ont pas été pour une petite part dans le guet-apens des légations et des missions.

Le mépris et la haine de l'étranger n'ont rien de nouveau dans l'Empire du Milieu. Depuis que l'Empire est impuissant à se fermer, ils se manifestent par des réactions spasmodiques.

A la veille des derniers événements, ils ont été surexcités par le gouvernement chinois lui-même.

Vers le printemps de 1898, le jeune souverain Kouang-Sou se décida à prêter l'oreille aux conseils de ceux qu'on appelle là-bas de « prétendus patriotes » et qui rêvaient d'une politique réformatrice. A l'instigation du chef principal des révolutionnaires, Kang-You-Weï, il publiait une série d'édits qui laissaient voir l'intention arrêtée d'imiter les innovations progressistes du Japon. Le système des examens était modifié ; les sciences occidentales étaient introduites dans leur programme ; une université devait être fondée à Pékin pour l'enseignement de ces sciences ; des temples devaient être convertis en écoles ; une commission de lettrés aurait pour tâche de traduire en chinois les principaux ouvrages scientifiques ou littéraires publiés en Europe et en Amérique ; un journal intitulé *Le Progrès Chinois,* serait l'organe officiel du gouvernement ; enfin la liberté de conscience serait efficacement assurée. Ces édits, qui portaient un coup terrible à la tradition, étaient suivis d'un autre qui menaçait de détruire les sinécures rémunératrices. C'en était trop. La « vieille Chine » devait se révolter contre la « jeune Chine ». Le conflit était aggravé par la rivalité des « Chinois » et des « Tartares » dans les conseils du souverain.

L'Impératrice douairière groupa les mécontents autour d'elle. Le 22 septembre 1898, au moment où Kouang-Sou allait recevoir en audience privée le marquis Ito, ambassadeur du Japon, afin de causer avec lui des réformes possibles, l'Impératrice le fit prier de passer chez elle pour une communication urgente. La communication urgente fut d'enfermer Kouang-Sou dans une île des lacs impériaux, de lui faire signer à lui-même sa déchéance, et de reconnaître comme héritier présomptif du trône, le fils du trop fameux prince Tuan, le chef avéré de la société secrète des « Boxeurs ».

La révolution de palais qui devait mettre le feu aux poudres se complétait par l'exil des ministres chinois et leur remplacement par des Mandchous ; les réformateurs étaient décapités ou bannis. La conséquence de ce mouvement rétrograde devait être forcément le signal d'un mouvement contre les étrangers.

C'est à ce moment que les sociétés secrètes entrent en ligne. Celle dont on a parlé le plus, en ces circonstances, est celle des « Boxeurs » ou plutôt des « Poings de la juste harmonie. » *(En réalité ce que de mauvais sinologues ont traduit par poing signifie également ligue ; on voit l'origine du calembour qui a fait fortune.)*

On a beaucoup discuté au début sur la complicité de la cour de Pékin avec les Boxeurs, mais le doute n'a pas été permis longtemps malgré les fausses affirmations de la vieille Impératrice et les charrettes de melons et de concombres qu'elle envoyait aux assiégés.

En allant au fond des choses, les sociétés secrètes qui pullulent dans l'Empire ; les « Nénuphars blancs », les « Bonnets jaunes », les « grands Couteaux », les « Amis du Thé pur », les Végétariens ou Jeûneurs » ont l'idée fixe de lutter contre la dynastie tartare (dynastie régnante) et celle des Boxeurs ne semble pas faire exception. Elles exaltent sans cesse l'esprit de rébellion contre les conquérants ; elles fanatisent leurs adeptes en leur faisant croire que par certaines pratiques ils deviennent invulnérables. Vers 1860, quelques-unes, sinon toutes, auraient peut-être consenti à s'allier aux Européens pour restaurer la maison chinoise et déchue des Ming ; mais l'Europe ayant protégé la maison mandchoue des Tsing, elles se sont décidément tournées contre les étrangers.

Plus l'empereur Kouang-Sou a eu l'air de se réconcilier avec les Occidentaux et de tolérer les chrétiens, plus leur animosité contre les diables du dehors s'est exaspérée.

Sur ces entrefaites, là révolution de palais s'est produite. Les sociétés secrètes pouvaient marcher, en feignant de poursuivre le même but que le gouvernement, et la crise commença. Nous allons la voir se dérouler dans le chapitre suivant.

II

Campagne de Chine. — Siège des Légations et des Missions. Prise de Pékin.

—

(Cette partie a été l'objet d'une Conférence faite par le lieutenant STRAUSS, aux Officiers du 137ᵉ Régiment d'Infanterie.)

Le mouvement boxeur, qui communiqua aux provinces du Nord de la Chine un semblant de patriotisme, n'eut partout ailleurs qu'une répercussion sans grande importance, dont les principales victimes furent les Missionnaires et les Chrétiens de l'intérieur. D'autre part, après l'entrée des alliés à Pékin, les meneurs de l'insurrection, complétement démoralisés, n'opposérent plus aux troupes internationales qu'une bien faible résistance, et l'occupation du pays se fit pour ainsi dire pacifiquement.

Il m'a donc semblé que la seule partie de la guerre, véritablement intéressante au point de vue militaire, fut celle qui avait eu pour théâtre la province du Pe-Tchi-Li, et qui s'était déroulée depuis le début des hostilités jusqu'à la délivrance des Légations et du Pétang.

C'est cette période seulement que je me propose d'étudier.

Elle se divise naturellement en trois phases :

1° Depuis le début des hostilités jusqu'au bombardement des forts de Takou (28 mai à 17 juin 1900), c'est la guerre contre les Boxeurs seuls ;

2° Depuis le bombardement des forts de Takou jusqu'à la délivrance de Tien-Tsin (17 juin à 14 juillet 1900) ;

3° Depuis la délivrance de Tien-Tsin jusqu'à l'occupation de Pékin par les troupes alliées (14 juillet à 16 août 1900).

Pour permettre de suivre plus facilement l'enchaînement des faits, dans l'exposé successif de ces trois phases, je ne parlerai d'abord que pour mémoire des événements qui se sont passés dans la capitale chinoise elle-même, et je ferai de ces événements un seul tableau par lequel je terminerai cette étude.

Tout d'abord, jetons un très rapide coup d'œil sur le théâtre de la lutte.

Pékin est situé à 150 kilomètres de la mer : c'est une ville immense, entourée de murailles gigantesques, hautes de 17 mètres et larges d'autant, bastionnées, crénelées sur tout leur pourtour et percées de portes en demi-lune extrêmement faciles à défendre. Il est vrai de dire qu'en temps ordinaire ces murailles ne comportaient qu'une artillerie dérisoire : quelques rares canons, les uns en nature, les autres... en peinture, les Chinois se contentant fort bien de l'apparence à la place de la réalité.

Le port de Pékin est Tong-Cheou, sur le Peïho, à 14 kilomètres à l'Est de la ville.

De Pékin à la mer s'étend une large plaine, affreusement aride et poussiéreuse pendant la saison sèche, boueuse et presque impraticable pendant la saison des pluies. Elle est sillonnée par un certain nombre de cours d'eau, dont le plus considérable est le Peïho. C'est un fleuve de peu d'importance qui, en hiver, est complétement pris par les glaces, et qui, en été, n'est déjà plus navigable, à 60 kilomètres en amont de son embouchure, que pour des jonques d'un très faible tonnage.

Sur la ligne du Peïho se trouvent quelques points fortifiés dont les principaux sont Tien-Tsin et Takou.

Tien-Tsin est le grand arsenal militaire de la Chine ; il est défendu par un fort et un certain nombre de camps retranchés ; une partie de la ville chinoise elle-même est entourée d'une muraille, moins haute et moins épaisse cependant que celle de Pékin (7 mètres de haut sur

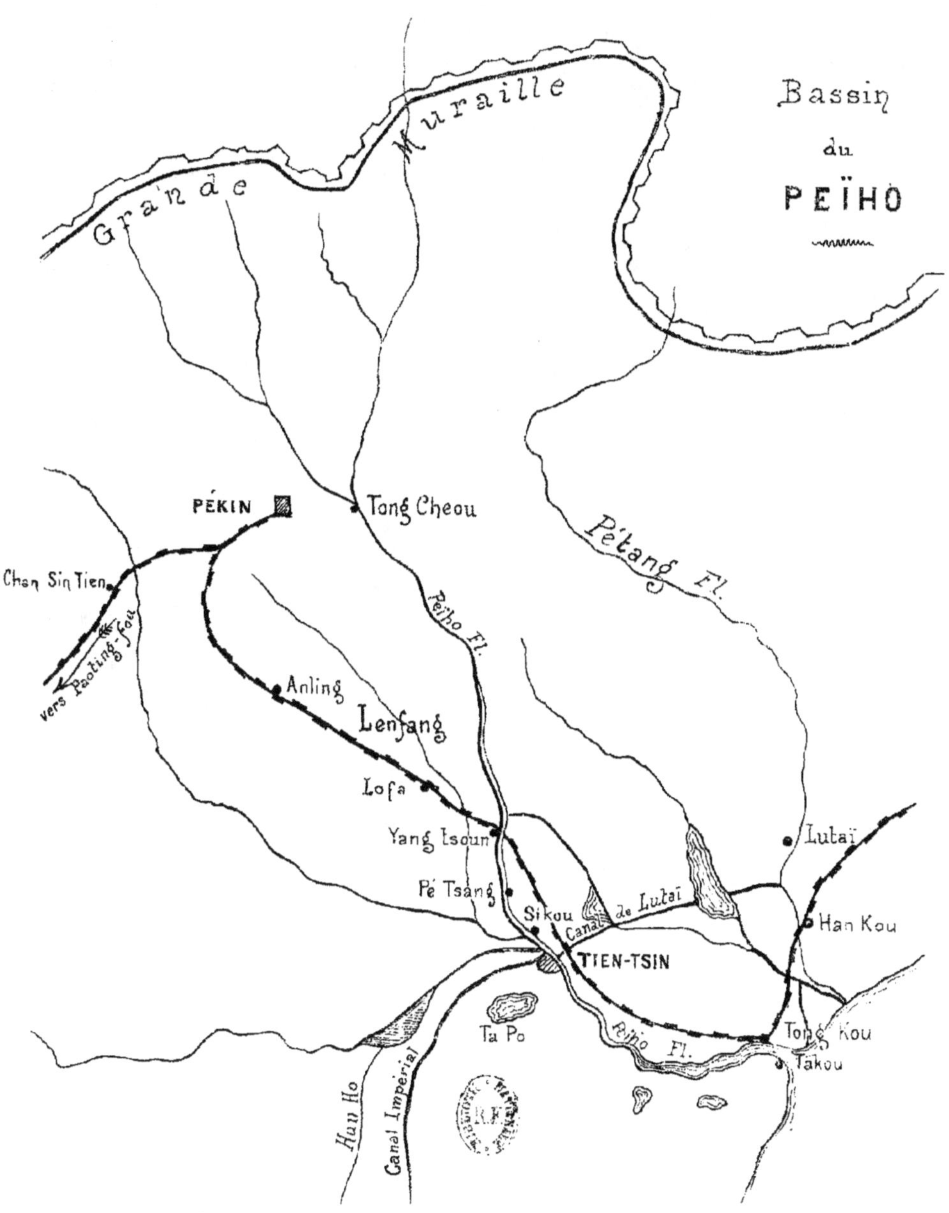

Bassin
du
PEÏHO
Grande Muraille
PÉKIN
Tong Cheou
Chan Sin Tien
vers Paoting-Fou
Anling
Lenfang
Peiho Fl.
Pé'tang Fl.
Lofa
Yang Tsoun
Lutaï
Pé Tsang
Sikou
Canal de Lutaï
Han Kou
TIEN-TSIN
Hun Ho
Canal Imperial
Ta Po
Peïho Fl.
Tong Kou
Takou

7 mètres de large). Aux environs immédiats de la ville se trouvent trois arsenaux dans lesquels les Chinois avaient amoncelé des quantités d'armes et de munitions, sans que les attachés militaires des diverses puissances l'eussent même soupçonné.

Takou est situé à l'embouchure même du fleuve, il est défendu par trois forts : deux sur la rive gauche et un sur la rive droite ; ce dernier, de beaucoup le plus important, a un front de mer de près de 400 mètres et il était armé, au début des hostilités, d'une cinquantaine de bouches à feu du dernier modèle.

Sur cette côte du Pe-Tchi-Li, deux points seulement permettent de débarquer des troupes : c'est, d'une part, l'embouchure du Peïho, où les difficultés de la mise à terre se compliquent encore de ce que la barre du fleuve, située à 15 kilomètres au large, met les forts de Takou à l'abri de tout bombardement de la part de gros navires, c'est, d'autre part, l'embouchure du Pétang, où les alliés débarquèrent en 1860 et qui est également défendue par des forts.

Ce n'est pas instantanément qu'éclata la terrible insurrection de 1900. Depuis longtemps, le feu couvait sous la cendre.

Déjà, en 1898, le pays était assez troublé pour qu'il devînt nécessaire de protéger la vie des étrangers par la force armée : des détachements de marins de diverses nations furent alors débarqués au Pe-Tchi-Li et y passèrent plusieurs mois, partie à Tien-Tsin, partie à Pékin. La simple présence de nos troupes suffit pour tout faire rentrer dans le calme et, à la fin de l'année, leurs gardes parties, les légations demeurèrent de nouveau livrées à elles-mêmes. On pensa dès lors qu'à chaque nouvelle menace de danger, il suffirait d'avoir recours au même procédé. On fut sur le point de l'employer une première

fois au mois de décembre 1899, puis au mois d'avril 1900 ;
la crise, que l'on avait pu croire arrivée à l'état aigu,
sembla encore, cette fois-ci, se calmer. Cependant, les
Boxeurs n'en continuaient pas moins leurs méfaits, mais
sans s'attaquer directement aux Européens : ils pillaient,
livraient aux flammes les villages chrétiens et, chaque jour,
le Pétang, établissement central des missions, voyait croître
le nombre des malheureux qui venaient y chercher asile.

Mgr Favier, éclairé par les rapports de ses Missionnaires,
se rendait parfaitement compte de l'extrême gravité de la
situation ; quant à nos ministres, la facile répression de
1898 entretenait chez la plupart d'entr'eux un sentiment
de fausse sécurité, et c'est ce qui explique, autant qu'il est
possible de l'expliquer, qu'au moment des massacres, les
légations, perdues au milieu de cet immense empire, étaient
totalement dépourvues de troupes pour les protéger ; bien
plus, tous les Européens établis en Chine n'avaient même
pas chacun un revolver pour se défendre.

Le premier acte d'hostilité ouverte contre
les Européens fut l'attaque, à Paoting-Fou, le 28 mai, des
ingénieurs de la ligne franco-belge alors en construction ;
en même temps, la voie était coupée par les Boxeurs
à Chan-Sin-Tien. Les ministres s'alarmèrent alors et
demandèrent à leurs divisions navales des renforts, aussi
nombreux que possible, jusqu'à concurrence de 100 hommes
par nation.

Par suite de la dispersion des navires, un peu sur tous
les points d'Extrême-Orient, ce chiffre ne put être atteint,
dès le début, que par les Anglais, les Français et les
Russes, les autres escadres envoyèrent ce qu'elles purent,
et la majeure partie du contingent ainsi formé rallia immédiatement Pékin, le reste fut laissé à Tien-Tsin.

Pendant 3 jours, on put croire que l'effet moral produit
par ce débarquement, suffirait à contenir les haines
amassées ; mais les embûches tendues aux fugitifs de
Paoting-Fou pendant leur retraite, les uns sur Pékin, les

autres sur Tien-Tsin, et un premier engagement de cosaques avec les Boxeurs, aux alentours de cette dernière ville, ne permirent plus de se faire aucune illusion. A l'appel de leurs ministres, les divisions navales se groupèrent alors dans le golfe du Pe-Tchi-Li et constituèrent bientôt, devant Takou, une formidable escadre internationale qui compta jusqu'à 40 cuirassés et croiseurs.

Sur ces entrefaites, la voie fut coupée entre Pékin et Tien-Tsin, et la situation du corps diplomatique devint alors si critique qu'un effort immédiat pour le secourir parut s'imposer. Ce fut l'amiral Seymour qui en prit brusquement l'initiative, dans la nuit du 10 juin, en faisant débarquer de ses bâtiments 500 marins et en prévenant les autres amiraux qu'il allait tenter une marche sur Pékin. Ceux-ci se conformèrent à ses vues en envoyant à terre, soit la nuit même, soit le lendemain, tous les hommes dont ils pouvaient encore disposer sans trop se démunir; et la colonne, laissant en arrière les contingents qui n'avaient pas eu le temps de rejoindre, partit le 11 de Tien-Tsin, en chemin de fer.

On a voulu voir, dans cette brusque décision de l'amiral anglais, le souci de prendre la tête du mouvement avant que les Russes, munis, grâce à Port-Arthur, de ressources presque inépuisables, se fussent eux-mêmes mis au premier plan. En tout cas, l'intérêt commun demandait une action immédiate et l'idée de l'amiral Seymour était en principe excellente. Il avait l'intention de se rendre en chemin de fer jusque sous les murs de la capitale, là, de négocier la sortie des étrangers et de les ramener avec lui dans un train qu'il aurait pu mettre à leur disposition. Malheureusement, l'activité des Boxeurs ne lui laissa pas le temps d'accomplir son dessein, et ce qui eût été une habile manœuvre, ne fut qu'un malencontreux coup d'audace.

Le 12, le mauvais état de la voie arrêta l'amiral à la station de Lofa ; c'est là qu'il fut rejoint et ravitaillé par le commandant de Marolles qui lui amenait un détachement de 158 marins français. La colonne, alors au grand complet, comprenait 2 360 hommes :

915 Anglais.
450 Allemands.
312 Russes.
158 Français.
112 Américains.
52 Japonais.
40 Italiens.
25 Autrichiens.

répartis en cinq trains.

Le 13, on dépassa Lanfang, mais, à partir de ce moment, on ne put avancer qu'avec une extrême lenteur, car la voie ferrée était si complètement détruite qu'on n'arrivait à en réparer que deux kilomètres par jour. D'un autre côté, malgré un train qui se tenait constamment en arrière avec mission d'empêcher la destruction de la voie du côté de Tien-Tsin, celle-ci avait été coupée en plusieurs points. L'amiral Seymour ne renonça pas encore cependant à son projet primitif, et un conseil de guerre, tenu le 15, écarta l'idée de couper directement à travers le pays pour gagner Pékin.

Nous voici arrivés à la date du bombardement des forts de Takou ; laissons donc la colonne Seymour dans la mauvaise situation que je viens de dire et voyons comment les amiraux furent amenés à cet acte énergique qui fut considéré par le gouvernement chinois comme une déclaration de guerre, et qui allait faire entrer les hostilités dans une phase nouvelle par l'adjonction, aux Boxeurs, des troupes régulières chinoises.

Aussitôt après le départ de la colonne Seymour, la sécurité des Européens établis à Takou et à Tien-Tsin avait commencé à être sérieusement menacée, et un corps de 2 000 Russes, arrivés le 13 de Port-Arthur, avait été immédiatement dirigé sur Tien-Tsin, laissant à Takou un faible détachement ; ce détachement était venu renforcer

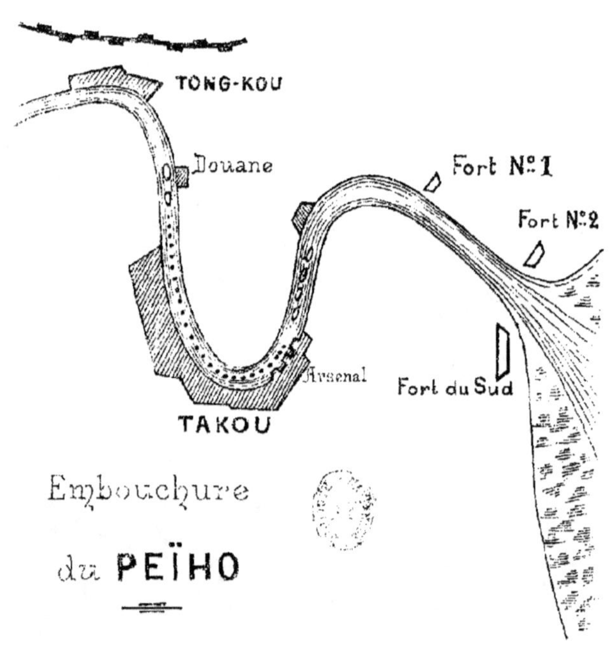

TONG-KOU
Douane
Fort N.º 1
Fort N.º 2
Arsenal
Fort du Sud
TAKOU
Embouchure
du PEÏHO

les quelques contingents anglais, allemands et japonais qui
s'y trouvaient et qui, avec six canonnières de la flotte
internationale, trois russes, une française, une allemande,
une anglaise, assuraient la protection de ce point.

Puis, les nouvelles qui parvinrent en rade de Takou,
devinrent de plus en plus mauvaises : on apprit successivement que la colonne Seymour avait été coupée de
Tien-Tsin, que le chancelier de la légation du Japon avait
été assassiné à Pékin où les Boxeurs mettaient tout à feu
et à sang, que ces mêmes Boxeurs avaient attaqué, le 15,
le quartier des concessions à Tien-Tsin et enfin, nouvelle
des plus graves, que les Chinois mouillaient des torpilles
de fond à l'embouchure du Peïho. Or, cette mesure que
les Chinois prenaient à l'embouchure du Peïho, ils
pouvaient aussi bien la prendre à l'embouchure du Pétang
sans qu'il fût possible de les en empêcher, et dès lors, ils
auraient été en mesure de nous interdire tout débarquement de troupes nouvelles.

Il était donc urgent, sous peine de ne plus pouvoir
secourir nos nationaux, de nous emparer immédiatement
des forts de Takou.

Le 16, les amiraux décidèrent que le soir même, à
minuit, un ultimatum serait envoyé au commandant des
forts et que si, deux heures après, les forts ne s'étaient
pas rendus, on s'en emparerait par la violence.

On comptait beaucoup sur l'effet moral produit par cette
brusque menace ; or, le commandant chinois ne se laissa
nullement intimider, et, à une heure moins dix, en réponse
à l'ultimatum, il faisait ouvrir le feu sur les canonnières
alliées.

Celles-ci, grâce à leur position en amont des forts, ne
pouvaient être atteintes que par six des canons du fort
sud, et quatre canons du fort n° 2 qui, placés sur des
cavaliers, avaient un champ de tir de 360 degrés. Elles
semblaient donc avoir la partie belle, quatre d'entre elles
étaient ancrées dans le premier coude du Peïho, c'étaient :

l'*Algérine* (anglaise), l'*Iltis* (allemande), le *Guiliack* et le *Koreetz* (russes). Le *Bobr,* canonnière russe, et le *Lion,* canonnière française, étaient mouillées en face de la Douane.

Il faisait un clair de lune magnifique. Les Chinois voyaient par conséquent très nettement les mâtures des bâtiments alliés, et leur connaissance parfaite des lieux et des distances leur avait permis de régler leur tir avec la plus grande précision. Les forts constituaient, au contraire, un but beaucoup plus vague dont les seuls points vulnérables, les canons, n'indiquaient leur position que par la lueur des coups qu'ils tiraient. Aussi, nos obus ne produisaient-ils guère que des atteintes superficielles sur les murailles des forts construits en boue du Peïho mélangée avec de la paille hachée, tandis que les projectiles envoyés par nos adversaires atteignaient facilement leur but et, trouant les flancs des navires, éclataient à l'intérieur y semant le désordre et la mort.

Dès le début de l'action, le *Lion* et le *Bobr* appareillèrent pour venir prendre leur place auprès des autres canonnières. Pendant qu'il levait son ancre, le *Lion* reçut deux projectiles dans sa coque, mais dès qu'il eut quitté son premier poste, il ne reçut plus aucun obus. Les Chinois, en effet, qui avaient si bien repéré leur tir à l'avance, n'eurent pas la présence d'esprit de le rectifier pendant toute la durée de l'action ; et les projectiles continuèrent à pleuvoir au mouillage de la douane tandis que les deux canonnières qui venaient de le quitter étaient mouillées impunément auprès des quatre autres. Celles-ci ne songèrent à changer de position qu'à six heures du matin, aussi souffrirent-elles cruellement du feu dirigé contre elles : à bord du *Guiliack,* notamment, un important incendie se déclara presque au début; on continua le tir néanmoins, puis un obus, déchirant un tuyau de vapeur provoqua un envahissement qui fit une vingtaine de victimes.

Au petit jour, vers quatre heures, 300 Japonais et les compagnies de débarquement des canonnières russes, anglaise et allemande quittèrent la gare de Tong-Kou et vinrent prendre à revers les forts de la rive gauche ; ces troupes s'emparèrent sans difficulté du fort n° 2, et elles étaient arrêtées devant le fort n° 1, lorsqu'un obus parti de la canonnière française, fit sauter une des poudrières de ce fort. La petite colonne profita du désarroi jeté par cet événement, pour donner l'assaut et, à cinq heures et demie, les drapeaux étrangers flottaient sur les forts de la rive nord.

Les canonnières firent alors converger leurs feux sur le fort du sud où, bientôt, une nouvelle explosion, causée cette fois-ci par un coup parti de la canonnière anglaise, amena la désorganisation complète de la défense. Les Chinois abandonnèrent presque aussitôt le fort qui fut immédiatement occupé par des troupes arrivant directement de Takou.

Le succès était complet mais chèrement acheté : les Européens avaient eu 29 tués dont 3 officiers et 86 blessés ; les Japonais avaient également éprouvé de grosses pertes dont leur commandant supérieur.

Dans l'arsenal de Takou étaient mouillés, au moment du bombardement, 4 contre-torpilleurs chinois, excellents petits bateaux sortis tout récemment des chantiers de l'Allemagne ; ils n'eurent d'autre rôle que de fournir de bonnes prises aux Français, aux Russes, aux Allemands et aux Anglais qui s'en attribuèrent chacun un.

En rade de Takou se trouvait également, le 16 juin, un beau croiseur chinois, le *Haï-Chew*. Il ne fit aucune tentative pour intervenir, et, le lendemain, fut réduit à l'impuissance par les alliés, qui lui enlevèrent les pièces essentielles de sa machine et de ses canons.

La marine chinoise ne joua d'ailleurs aucun rôle dans cette guerre, et ses croiseurs demeurèrent constamment blottis dans les ports où ils se trouvaient au début des hostilités.

C'est sur Tien-Tsin qu'est maintenant appelée toute notre attention.

Au moment du bombardement des forts de Takou se trouvait, au nord de Tien-Tsin, le maréchal Nieh, envoyé quelque temps auparavant pour combattre les Boxeurs et qui avait avec lui, disait-on, 40000 hommes. En outre, à cette époque, la campagne entre Takou et Tien-Tsin devint presque instantanément infestée de Boxeurs.

Le 17 juin, le maréchal Nieh, dont les troupes n'avaient pas pris officiellement part aux attaques dirigées contre Tien-Tsin les deux jours précédents, fit mettre ses canons en batterie dans les camps retranchés au nord de la boucle du Peïho ainsi que sur les murs de la ville chinoise, et commença un bombardement terrible des concessions. En même temps, ses soldats, se glissant derrière les tas de sel qui bordaient la rive gauche du fleuve et derrière les tombeaux dont la plaine était couverte, venaient fusiller, à courte distance, les Européens réfugiés dans le quartier étranger.

Ceux-ci n'avaient à opposer à ces nombreux adversaires que des forces d'un effectif très insuffisant : 2000 Russes et quelques contingents extrêmement faibles laissés, comme nous l'avons vu, par la colonne qui avait rallié Pékin au début des hostilités. A la rigueur, ils auraient pu se retirer sur Takou, où ils eussent été plus à même de recevoir des renforts ; mais ils préférèrent se défendre sur place et prirent immédiatement leurs mesures en conséquence. Ils brûlèrent les faubourgs chinois sur une profondeur d'environ 300 mètres autour des concessions de manière à dégager leur champ de tir ; ils s'établirent fortement à la gare, à l'Ecole de médecine, s'emparèrent de l'Ecole militaire, où ils se fortifièrent également, et envoyèrent un officier pour prévenir les amiraux de leur situation précaire.

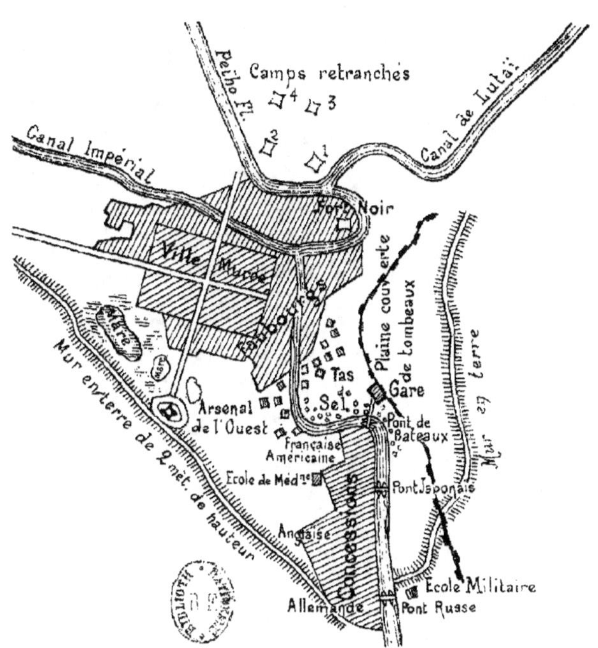

Plan de **TIEN-TSIN**

La nouvelle du bombardement de Tien-Tsin causa, en rade de Takou, une stupéfaction profonde.

Un premier effort pour secourir la ville fut tenté, le 20 juin, par 300 Russes et 150 Américains ; mais ces troupes échouèrent dans leur tentative et perdirent même deux canons.

Elles furent ramenées au combat le 25 par le général russe Stoessel, qui venait d'arriver fort à propos de Port-Arthur avec 2 000 hommes et qui réussit à culbuter les bandes chinoises, amenant ainsi aux assiégés des renforts qui les mettaient désormais à l'abri d'un coup de main. Ce succès eut, de plus, pour résultat de débarrasser complètement les abords sud des concessions, et, à partir de cette époque, les détachements qui furent envoyés à Tien-Tsin, au fur et à mesure de leur débarquement à Takou, purent atteindre la ville sans être sérieusement inquiétés.

C'est le 23 juin que l'amiral Seymour, dont on était sans nouvelles depuis quelque temps, put enfin faire connaître aux défenseurs de Tien-Tsin qu'il venait de s'emparer de l'arsenal de Sikou, au nord de la ville, et qu'il attendait des secours pour forcer les lignes ennemies.

Avant d'aller plus loin, revenons donc à Lanfang, où nous l'avions laissé, et suivons-le jusqu'au moment où il fut de retour à Tien-Tsin.

Sa situation, déjà très grave, l'était devenue bien davantage après la prise des forts de Takou. Le 18 juin, la colonne, attaquée par des Boxeurs et des troupes régulières, avait été obligée de se replier sur Yang-Tsoun, après un combat assez vif au cours duquel elle avait eu 50 hommes mis hors de combat. Là, elle avait trouvé le pont du chemin de fer complètement détruit. Comme, d'un autre côté, les vivres et les munitions commençaient à manquer, que les blessés étaient fort nombreux, on décida d'abandonner définitivement les trains, et de poursuivre la retraite en suivant le Peïho, les blessés remorqués sur des jonques.

Ce mouvement ne put s'effectuer qu'avec une extrême lenteur, au milieu des attaques incessantes de Chinois. Le 21, les Russes, les Anglais, les Allemands et les Japonais, renonçant à traîner leurs canons après eux, les abandonnèrent dans les vases du fleuve ; seuls les Français et les Américains conservèrent les leurs. Le 22, on arriva devant l'arsenal de Si-Kou, vaste entrepôt d'armes et de munitions défendu par un fort. L'amiral Seymour le fit attaquer, et s'en empara sans grande résistance. Mais la colonne, alourdie par 230 blessés, ne pouvait songer à se faire jour toute seule jusqu'à Tien-Tsin. L'amiral résolut, en conséquence, d'attendre des renforts sur place, et il mit à profit son immobilité forcée en faisant bombarder les villages chinois environnants avec les nombreux canons Krupp que l'on avait trouvés dans l'arsenal.

Le 25 enfin, arriva un détachement composé de cosaques et d'infanterie russe, appuyé par une batterie. Sous la protection de ces troupes, la colonne put alors passer sur la rive gauche du canal de Lutaï et, le 26, dans la matinée, elle franchissait le pont de bateaux, homme par homme, et rentrait à Tien-Tsin, sans que les Chinois, embusqués de tous côtés aux environs, lui eussent envoyé un seul coup de fusil pendant toute cette dernière partie de sa retraite.

Quelle est la raison de cette abstension soudaine, après l'acharnement des jours précédents ? C'est là une question qui, comme beaucoup d'autres dans cette guerre de Chine, restera probablement toujours sans solution.

Depuis le début des hostilités, les puissances intéressées avaient tout mis en œuvre pour envoyer, sur le théâtre des opérations, le plus de troupes possible ; mais, par suite de la rapidité avec laquelle les événements s'étaient précipités, elles n'avaient pu réunir encore à Tien-Tsin, le 1er juillet, que 7 000 hommes. Sur ce chiffre, nous avions seulement 800 hommes, sous les ordres du colonel de Pélacot.

Malgré leur faible effectif, si ces forces avaient été

réunies sous un seul commandement, elles auraient pu assez facilement se dégager ; mais, malheureusement, au lieu de combiner leurs efforts dans une action commune, les chefs des divers détachements ne songeaient qu'à se défendre sur place, faisant, de temps à autre, quelques sorties isolées. On s'empara bien de l'arsenal de l'Est qui fut incendié, puis, de l'arsenal de l'Ouest, mais cette dernière position, jugée trop périlleuse, fut évacuée presque aussitôt.

Et pendant ce temps, le bombardement se poursuivait, pour ainsi dire, sans trêve, causant des ravages considérables et des morts nombreuses dans le quartier européen, où les troupes avaient été entassées, et, en particulier, dans la concession française plus exposée que toutes les autres au feu de l'ennemi.

Les attaques dirigées par les Chinois furent parfois extrêmement sérieuses, notamment à la gare. Ce point, défendu par trois tranchées dans lesquelles figurèrent constamment des troupes françaises, faillit même, le 11 juillet, être enlevé par des boxeurs et des réguliers. Ceux-ci avaient pu, grâce à la fuite des Anglais qui occupaient une des tranchées, s'avancer jusqu'à 100 mètres de nos lignes, lorsque la brusque intervention d'un demi-bataillon d'infanterie de marine et de 200 Japonais, appelés en toute hâte des concessions, les obligea à battre en retraite.

C'est à la suite de cette affaire que le colonel de Pélacot provoqua une réunion de tous les commandants des troupes alliées ; dans cette réunion, le plan d'une action d'ensemble immédiate fut arrêté.

L'attaque devait être prononcée à la fois par deux colonnes ayant chacune pour objectif la ville murée.

Une colonne forte de 3 000 Russes, à laquelle étaient adjointes une batterie française et deux compagnies allemandes, devait opérer sur la rive gauche. Par la rive droite, devait s'avancer une autre colonne forte de 3 900 hommes, et composée d'un bataillon et d'une batterie française, sous les ordres du colonel de Pélacot, de deux bataillons et deux batteries japonaises, d'un bataillon et d'une batterie constitués avec des contingents anglais et américains.

Le 13 juillet, au point du jour, on se mit en marche de part et d'autre.

Sur la rive gauche, les Russes dessinèrent un grand mouvement tournant, et, passant le canal de Lutaï, à 10 kilomètres à l'Est de son confluent avec le Peïho, ils vinrent prendre à revers les batteries chinoises établies dans les camps retranchés. Pendant que l'artillerie russe canonnait ces positions, le général Stœssel, qui commandait la colonne, indiqua à la batterie française une poudrière que l'on apercevait dans la partie nord-est des faubourgs, et lui demanda de la faire sauter. Dès le troisième obus à la mélinite, ce résultat était atteint, et une explosion formidable, dont le souffle renversa une grande partie de l'armé alliée, vint jeter le désordre dans les rangs chinois. Les Russes en profitèrent pour lancer immédiatement leurs colonnes d'assaut contre le camp retranché n° 1 ; ils s'en emparèrent, non sans de grosses pertes, et occupèrent ensuite successivement tous les autres camps. A midi, ils étaient maîtres de toute la rive gauche du Peïho. Ils ne poussèrent pas, toutefois, leur mouvement plus en avant ce jour-là, et se bornèrent à bombarder violemment le fort Noir, préparant ainsi leur attaque du lendemain.

Sur la rive droite, Français et Japonais commencèrent par occuper l'arsenal de l'Ouest, et toute la colonne vint se masser aux abords de ce point, à l'abri d'une espèce de digue en terre, tandis que le bataillon d'infanterie de marine du lieutenant-colonel Ytasse, déployé en avant de la concession française, attirait sur lui le feu de l'ennemi.

Cet arsenal était relié aux faubourgs par une chaussée d'environ 800 mètres de long et de 15 mètres de large, sur laquelle des groupes de masures constituaient de loin en loin des abris ; à droite et à gauche, le terrain était presque entièrement couvert de marécages.

Vers huit heures, lorsque la préparation par l'artillerie fut jugée suffisante, le bataillon français du colonel de Pélacot se porta en avant par la chaussée, peloton par peloton, d'abri en abri, enlevant successivement tous les groupes de masures; en moins d'une demi-heure, il était maître des premières maisons du faubourg. Il y fut presque immédiatement rejoint par les Japonais qui s'étaient avancés, à droite et à gauche de la chaussée, à travers les fondrières, ne voulant pas, comme le dit fièrement leur général, passer pour des troupes de seconde ligne. Quant aux Anglais et aux Américains, que cette considération touchait peu, ils ne dépassèrent pas, pour le moment, l'arsenal.

Jusqu'à neuf heures quarante, les troupes françaises et japonaises purent gagner du terrain dans les faubourgs, mais à ce moment, elles rencontrèrent une résistance extrêmement sérieuse et furent contraintes de s'arrêter. D'ailleurs, la batterie française qu'on avait amenée sur la chaussée, à 800 mètres seulement de la ville murée, pas plus que la batterie anglaise qui tirait à la lyddite, n'avaient réussi à faire brèche dans la muraille.

Le colonel de Pélacot décida alors de se cramponner, jusqu'au soir, sur les positions conquises, et, la nuit venue, d'amener la batterie française à une distance encore plus faible de la ville, pour reprendre la lutte, le lendemain, dans de meilleures conditions. Le général japonais, partageant son avis, maintint ses troupes au contact. Quant au général anglais, hésitant, il parlait déjà de retraite, lorsque devant la résolution énergique des commandants français et japonais, il se décida à porter ses hommes jusqu'à la lisière des faubourgs où ils s'arrêtèrent. Nos troupes furent donc maintenues immobiles toute la journée, sous un feu des plus vifs : elles demeurèrent parfaites de calme et de sang-froid.

Vivement impressionnés par cette belle attitude, et craignant, d'ailleurs, que leur ligne de retraite ne fût coupée par le mouvement tournant des Russes, les

Chinois commencèrent à lâcher pied dès les dernières heures de la journée, et, le soir venu, leur feu s'était déjà ralenti considérablement.

Le lendemain matin, à trois heures, des pionniers japonais qui avaient pu, à la faveur des ténèbres, s'approcher de la muraille déjà presque complètement abandonnée, firent sauter la porte du Sud. Français et Japonais firent alors irruption dans l'enceinte murée, et, montant sur les remparts par les talus inclinés de l'intérieur, ils les suivirent jusqu'à ce qu'ils se fussent rejoints, après en avoir fait le tour, les uns par la droite, les autres par la gauche. Ils s'emparèrent ainsi très facilement de la ville qui avait été abandonnée par ses derniers défenseurs, au moment où la porte avait sauté.

Une heure après, les Russes entraient dans Tien-Tsin par la porte du Nord ; ils avaient trouvé, devant eux, toute résistance tombée, avaient franchi le Peïho, occupé le fort Noir, et, maintenant, les troupes des deux colonnes se trouvaient réunies au point qu'elles s'étaient donné pour rendez-vous.

Les alliés eurent, dans ces deux journées, environ un millier d'hommes hors de combat. Les pertes des Chinois furent également considérables ; elles étaient accrues, d'ailleurs, par les victimes de la guerre intestine qui s'était livrée entre réguliers et Boxeurs.

Cette action combinée, parfaitement conduite, suffit pour débarrasser complètement Tien-Tsin ; car, après la prise de la ville murée, les Chinois, découragés, se retirèrent rapidement vers le Nord.

⁂

Des Chinois qui fuient ne s'arrêtent plus dans leur retraite, pourvu qu'on les poursuive avec quelque persévérance.

Malheureusement, le terrible bombardement, dont venaient à peine de s'affranchir les troupes alliées, allait faire pousser la circonspection à l'extrême, et permettre à nos adversaires de se ressaisir, et de s'établir fortement en travers de la route de Pékin.

Tien-Tsin fut entièrement occupé, après avoir été partagé en districts affectés aux différentes nations ; et, dès lors, aux émotions du siège, aux journées héroïques du 13 et du 14 juillet, succéda un repos malsain pendant lequel on eut les plus grandes peines à maintenir l'ordre et la discipline.

Les premières nouvelles de Pékin depuis la rupture des communications arrivèrent alors grâce au relâchement momentané des hostilités qui fut, dans la capitale chinoise, le contre-coup de la prise de Tien-Tsin. On apprit ainsi que, malgré cette espèce de trêve, la sécurité des étrangers réfugiés aux légations était très relative, que le bombardement n'avait d'ailleurs pas cessé au Pétang, que les vivres et les munitions menaçaient de manquer.

Le premier devoir était donc, semble-t-il, de voler à leur secours ; on ne le fit pas, toutefois, et pour plusieurs raisons. Les ennemis, qui barraient la route, passaient pour être 50 000 ; or, avec les troupes actuellement au Pe-Tchi-Li, il paraissait impossible de culbuter des forces aussi considérables, et de protéger en même temps Tien-Tsin contre un retour offensif possible des Chinois. D'autre part, on ne croyait pas pouvoir se lancer en avant, sans avoir la certitude d'entrer, pour ainsi dire, sans résistance à Pékin ; car un échec, si léger fût-il, le moindre retard sous les murs de la ville, eut pu être le signal d'un massacre général des étrangers assiégés aux légations.

Pour ces raisons, et sans tenir suffisamment compte de l'affaissement moral des Chinois à la suite de leur échec, on décida d'attendre que 60 000 hommes fussent réunis à Tien-Tsin pour effectuer, sur Pékin, une marche sûrement rapide et victorieuse.

On se borna donc à dégager les alentours de la ville, à occuper d'une manière définitive les arsenaux de l'Est, de l'Ouest, de Si-Kou, dans lesquels on trouve un grand nombre de canons Krupp, des monceaux de Mannlicher et des millions de cartouches.

Pendant ce temps arrivèrent de nouveaux renforts et, au commencement d'août, le général Frey vint prendre le commandement des troupes françaises.

Las enfin d'attendre sur place, le 4 août, 20 jours après la prise de Tien-Tsin, les alliés se décidèrent à faire une tentative dans la direction de Pékin, quitte à ne pas pousser encore jusqu'à la ville, si la résistance éprouvée faisait craindre des difficultés insurmontables.

L'itinéraire qui s'imposait était de suivre le Peïho : à défaut de remorqueurs, qui ne pouvaient remonter beaucoup plus haut que Tien-Tsin, des canots à vapeur et des jonques assureraient le ravitaillement et, d'une manière générale, les services de l'arrière.

Une colonne forte de 15 000 hommes partit donc de Tien-Tsin le 4 août au soir et, le lendemain de bonne heure, elle attaquait 20 000 Chinois fortement retranchés à Pé-Tsang. Ceux-ci avaient pris position à cheval sur les deux rives du fleuve, face au sud. Ils avaient inondé le terrain en avant de leur gauche, et leur droite était établie sur une colline, où ils avaient creusé des tranchées à triple étage de feu et des épaulements pour 21 pièces d'artillerie.

L'attaque fut prononcée à la fois sur les deux rives.

Sur la rive gauche, l'aile droite de l'armée alliée, formée de 800 Français et de Russes, ne put, par suite des inondations, exécuter le mouvement enveloppant qui avait été prescrit de ce côté, et la majeure partie des forces qui la constituaient passa alors sur la rive droite pour prendre part à l'attaque de front, menée par les Japonais, les Anglais et les Américains. Pendant que la lutte se poursuivait de ce côté, le général Frey, à la tête d'une colonne légère, constituée avec 200 Français ou Russes et une batterie de montagne, réussit à franchir les terrains inondés et, à six heures du matin, il s'emparait de plusieurs

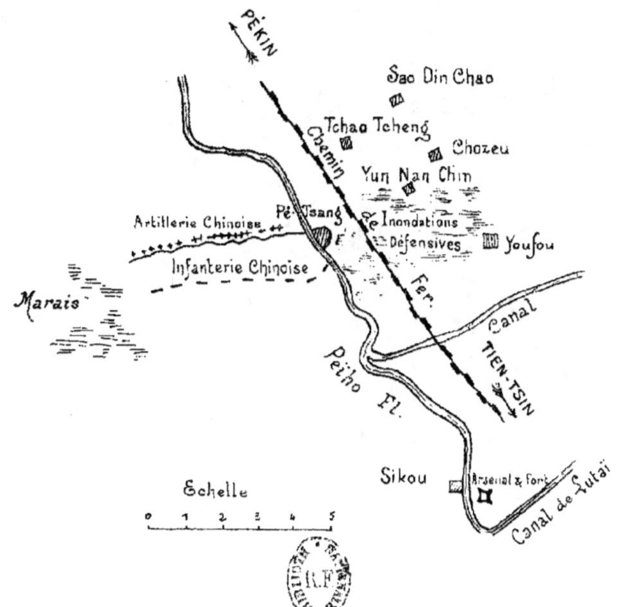

Plan de la Bataille de Pé-Tsang

villages au nord-est de Pé-Tsang. De là, il dirigea le feu de son artillerie sur le centre de la ligne ennemie qui, sous les efforts répétés des Russes et des Japonais, commençait déjà à faiblir. Cette brusque intervention décida la retraite des Chinois, et la changea bientôt en une véritable déroute.

Les alliés eurent dans cette bataille 85 tués et 325 blessés. La lutte avait été meurtrière, mais ce devait être le dernier effort des Chinois, avant leur résistance suprême sous les murs de Pékin.

Le lendemain, 6 août, Yang-Tsoun fut enlevé presque sans combat.

Néanmoins les généraux hésitaient encore à continuer leur marche en avant, lorsque, dans un conseil de guerre tenu le 7, le général japonais Yamaguchi déclara nettement son intention de poursuivre les Chinois jusque dans leur capitale, et cet avis énergique rallia l'adhésion des Russes et des Anglais.

Le général Frey, vu le petit nombre de ses troupes et leur état sanitaire médiocre, jugea plus à propos de retourner momentanément à Tien-Tsin, comptant pouvoir en repartir suffisamment à temps pour coopérer à la prise de Pékin.

Le 8, les Russes, les Japonais et les Anglais reprirent donc leur marche en suivant le Peïho et, sans autres combats que quelques escarmouches insignifiantes; ils entrèrent le 12 à Tong-Chéou. Le lendemain les Russes et les Japonais, laissant les Anglais à Tong-Chéou, s'engagèrent seuls dans la direction de Pékin qu'ils atteignirent le 14, à une heure du matin.

Après une tentative d'attaque brusquée qui échoua, ils commencèrent à bombarder les deux portes Tsi-Hoa-Men et Tong-Pien-Men devant lesquelles ils se trouvaient. Les Russes, qui attaquaient cette dernière porte, réussirent à l'enfoncer le matin même et, après une lutte très chaude, ils pénétrèrent dans la ville chinoise qui fut immédiatement évacuée par ses défenseurs. Les Japonais luttèrent de leur côté toute la journée à la porte Tsi-Hoa-Men ; ils se lancèrent plusieurs fois à l'assaut et furent chaque fois repoussés avec de grosses pertes ; ce n'est que le soir, à huit heures, qu'ils purent enfin prendre pied sur les murailles de la ville tartare.

Quant aux Anglais, ils arrivèrent tranquillement de Tong-Tchéou dans l'après-midi, et entrèrent dans la ville chinoise par la porte Cha-Koa-Men complétement abandonnée. Conduits par un guide, ils remontèrent directement jusqu'aux murs de la ville tartare, suivirent les fossés, puis le lit à sec de la rivière de Jade, et entrèrent les premiers aux légations, le 14 août, à trois heures de l'après-midi, n'ayant rencontré d'autre obstacle qu'une grille, placée sous la muraille, et qu'ils avaient fait sauter avec la plus grande facilité. Une fois arrivés, ils n'eurent pas davantage à combattre, car la panique causée le matin par la victoire des Russes, puis, la nouvelle que des renforts venaient d'arriver aux assiégés, suffirent pour débarrasser complétement les abords des légations.

Les Français entrèrent à Pékin le 15 août au matin, clairons en tête et l'arme à la bretelle.

Le 9 août, le général Frey, s'étant rendu compte qu'il n'y avait plus un seul instant à perdre s'il voulait arriver en temps utile, avait proposé aux Autrichiens, aux Allemands et aux Italiens de partir avec le détachement français, leur offrant ainsi l'occasion de représenter leurs nations dans la colonne qui devait s'emparer de la capitale chinoise. Ils avaient accepté avec empressement, et tous avaient immédiatement quitté Tien-Tsin, doublant les étapes afin d'arriver plus vite.

Ils arrivèrent après que l'effort principal eut été donné, mais encore assez à temps cependant pour prendre part à des combats de rues et être les libérateurs du Pétang.

Le 15, les Français voulaient pousser jusqu'au Pétang, mais ils ne purent mettre ce projet à exécution, car les

PLAN DE PÉKIN

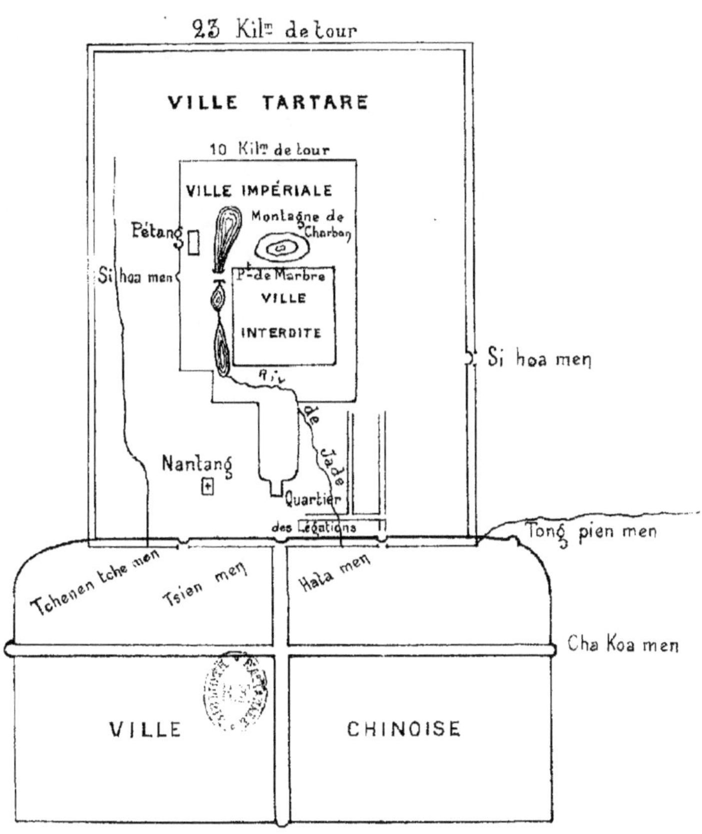

renforts qui leur avaient été promis par les troupes des autres nations n'arrivèrent pas, et, avec leur faible effectif (800 hommes), il eut été imprudent de s'engager au milieu de la ville tartare, encore fortement occupée par les réguliers Chinois.

Le 16, avec la coopération d'un bataillon japonais, ils s'emparèrent de la porte Si-Hoa-Men, vivement défendue par les troupes mandchoues, délivrèrent Mgr Favier et ses compagnons de siége, puis triomphèrent d'une dernière résistance au pont de Marbre, et occupèrent la montagne de Charbon.

Pendant ce temps, les autres troupes alliées achevaient de chasser de Pékin les derniers Chinois qui y tenaient encore.

Nous venons de suivre les efforts tentés par les troupes internationales pour secourir les étrangers assiégés à Pékin, voyons maintenant les événements qui ont eu pour théâtre la capitale chinoise elle-même.

Les troupes envoyées dès le début du soulévement par l'escadre internationale, entrèrent à Pékin le 31 mai au soir et le 1er juin ; elles se composaient de 415 marins :

> 75 Français.
> 78 Anglais.
> 75 Russes.
> 60 Américains.
> 50 Allemands.
> 40 Italiens.
> 30 Autrichiens.
> 30 Japonais.

Devant la tournure extrêmement grave que prenaient les événements, les chefs des divers détachements résolurent, presque immédiatement après leur arrivée, de concentrer leurs forces sur deux points seulement : les légations et le Pétang. Ils conservèrent donc aux légations la majeure partie de leurs hommes et envoyèrent au Pétang l'enseigne de vaisseau Henry avec 30 marins français, et l'enseigne de vaisseau Olivieri avec 10 marins italiens.

A partir du 17 juin, ces deux centres de résistance furent absolument isolés l'un de l'autre, ils constituent donc deux théâtres de lutte absolument distincts que nous verrons successivement.

D'abord les légations.

Le 6 juin, les chefs de détachements se réunirent à la légation d'Angleterre et, sur l'initiative du lieutenant de vaisseau Darcy, commandant le détachement français, ils décidèrent qu'au lieu de laisser à chacun le soin de défendre sa propre légation, on défendrait l'ensemble des concessions d'après le plan suivant :

On abandonnerait la légation de Belgique, absolument isolée au milieu de la ville tartare ; on établirait des postes de défense à chacun des sommets du quadrilatère qui renfermait toutes les autres légations ; des barricades seraient élevées à hauteur des légations de France et d'Amérique, sur la muraille même, de manière à en interdire l'accès aux Chinois entre ces deux points ; les 3 000 chrétiens chinois réfugiés aux légations seraient enfermés au palais du prince Sou, dont la défense serait confiée aux Japonais du colonel Shiba ; enfin, les femmes et les enfants des Européens seraient réunis à la légation d'Angleterre, moins exposée que les autres par suite de sa proximité de la ville impériale.

Malheureusement, dans cette réunion, par crainte de froisser certaines susceptibilités nationales, on évita de parler de commandement supérieur de la défense et, dans les premiers jours, le manque d'une direction unique se fit vivement sentir. Il fallut que le 20 juin, du fait de cette situation anormale, les légations fussent mises à deux doigts de leur perte, pour qu'on se décidât enfin à désigner un commandant en chef : ce fut sir Claude Macdonald, ancien major de l'armée britannique, qui fut désigné.

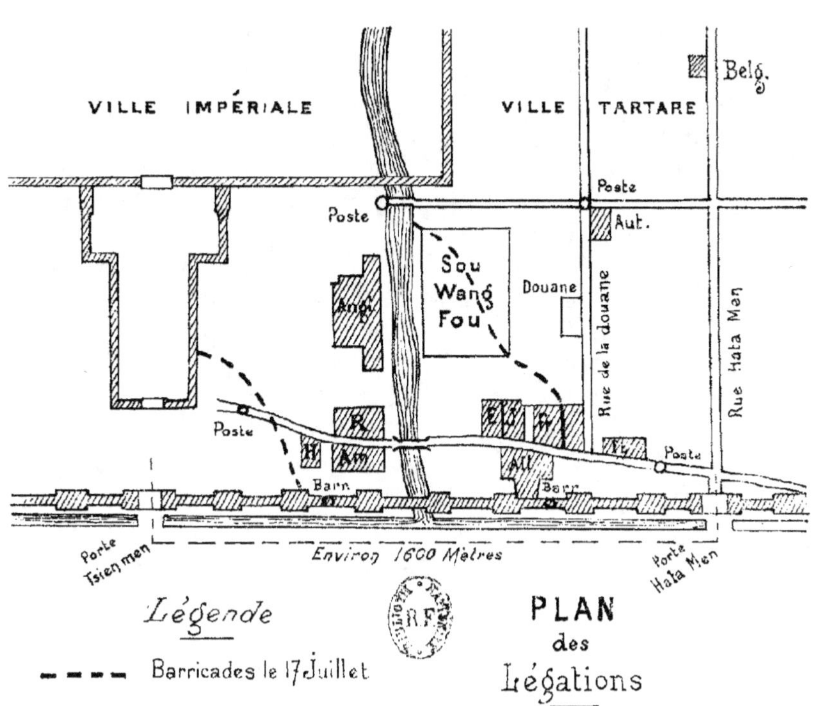

Légende

– – – – Barricades le 17 Juillet

PLAN
des
Légations

Jusqu'à la prise des forts de Takou, las attaques dirigées contre les légations furent absolument insignifiantes ; mais à partir de cette époque et surtout après le meurtre du baron de Ketteler, le 20 juin, la situation devint très périlleuse. Aux Boxeurs, en effet, étaient venus se joindre les troupes, parfaitement armées et munies d'artillerie, des généraux Jong-Lu et Tong-Fou-Siang.

Ces troupes, il est vrai, ne tentèrent jamais une attaque de vive force, vraiment sérieuse, sur un point quelconque ; mais leur tactique n'en était pas moins extrêmement dangereuse et nécessitait, de la part des assiégés, une vigilance de tous les instants. Embusqués à quelques dizaines de mètres seulement des retranchements qu'ils attaquaient, les Chinois faisaient pleuvoir une grêle de balles sur quiconque avait le malheur de se montrer ; ils démolissaient au moyen de canons amenés à courte distance (150 et 200 mètres) les murs et les maisons qui formaient la ligne de défense ; ils cherchaient à allumer des incendies, constamment et partout, au moyen de torches, de pots à feu, de fusées à la congrève, de pétrole qu'ils lançaient avec des pompes et qu'ils enflammaient ensuite ; enfin ils creusaient, avec une ardeur infatigable, des mines qu'ils faisaient ensuite sauter sous les pieds même de leurs adversaires.

Ceux-ci, occupés sans cesse à réparer ou à surveiller les brèches faites par la canonnade, à éteindre des commencements d'incendies, à creuser des contre-mines, n'essayèrent jamais de passer à l'offensive. Qu'auraient-ils été faire d'ailleurs au milieu des innombrables Chinois qui les entouraient, et qui se retranchaient eux-mêmes avec le plus grand soin, au fur et à mesure qu'ils gagnaient du terrain ? Et puis, les attaquer eût été les exciter encore davantage, et les amener peut-être à tenter un assaut général qu'il eût été impossible de repousser.

Cette période, extrêmement pénible, pendant laquelle les

troupes internationales perdirent tout le terrain compris entre la ligne de défense primitive et la ligne de barricades marquée sur le croquis, se prolongea jusqu'au 17 juillet, date à laquelle fut connue, à Pékin, la délivrance de Tien-Tsin.

Ce jour-là, comme par enchantement, le feu cessa soudain du côté des assiégeants ; les assiégés firent de même ; et l'on put voir alors, tableau véritablement stupéfiant après les luttes atroces des jours précédents, les soldats chinois venir sans armes à nos retranchements, faire des signes d'amitié à nos soldats, causer avec eux au moyen de nos interprètes et leur apporter des fruits et des légumes verts. Les membres du Tsung-Li-Yamen entamèrent avec le corps diplomatique des négociations sur le ton de la plus franche cordialité, lui offrant de faire escorter les étrangers par les troupes chinoises jusqu'à Tien-Tsin. L'impératrice elle-même, ne voulant pas être en retard dans cet assaut d'amabilité, envoya aux légations plusieurs charrettes de melons, d'aubergines et de concombres, tout en assurant les assiégés de ses meilleures intentions.

Mais cette accalmie, qui permit à nos troupes de prendre un peu de repos, ne fut pas de longue durée, et, enhardis de nouveau par les atermoiements des alliés sous les murs de Tien-Tsin, les Chinois reprirent bientôt leur attitude hostile, recommencèrent peu à peu la fusillade et se remirent à pousser activement leurs travaux de siège. Le 11, le 12 et le 13 août, à l'approche des troupes de secours, leurs attaques redoublèrent même de violence ; le 14 enfin, après l'arrivée des Sicks du général Gazelee à l'intérieur des légations, ils abandonnèrent définitivement la partie.

Mais l'épisode le plus poignant du drame qui s'est déroulé à Pékin est certainement le siège du Pétang.

Le Pétang est constitué par la juxtaposition de deux enceintes murées, séparées par une ruelle étroite : celle du nord renferme les bâtiments des Sœurs ; celle du sud, les

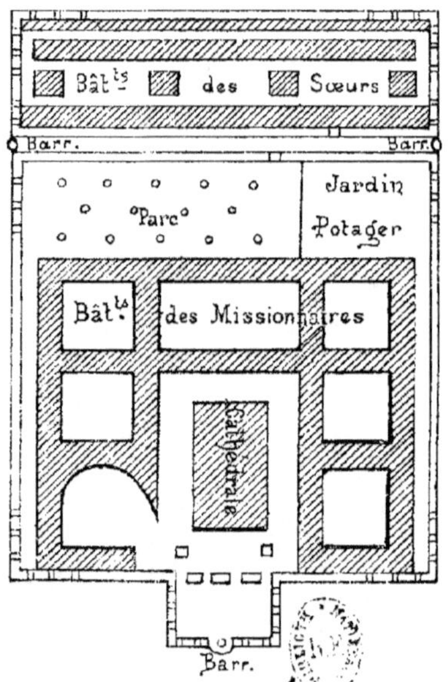

PLAN du PÉTANG

bâtiments des Missionnaires et la cathédrale ; le développement total des murs extérieurs est exactement de 1 360 mètres. Cet établissement contenait, au mois de juin 1900, outre 70 Européens, 1 000 chrétiens chinois et 2 200 femmes et enfants.

Or, nous avons vu que l'enseigne de vaisseau Henri ne disposait que de 40 marins pour défendre ce périmètre considérable et pour protéger ces milliers d'existences ; il chercha bien à utiliser les services des chrétiens chinois, mais ceux-ci, armés seulement de couteaux emmanchés au bout de longues perches, ne purent lui être d'un grand secours.

Il chargea l'enseigne de vaisseau Olivieri et ses 10 marins italiens de la défense des bâtiments des Sœurs ; quant à lui, avec ses 30 marins français, il se réserva celle des bâtiments des Missionnaires. Il fit élever de solides barricades aux deux extrémités de la petite ruelle, ainsi qu'en travers de la grande porte du Pétang ; il fit boucher toutes les issues secondaires, établir des échafaudages en arrière des murs qui furent crénelés aux endroits les plus exposés ; enfin il répartit son monde en quatre groupes qui cantonnèrent pendant toute la durée du siège aux quatre angles du mur d'enceinte sud, se portant, au premier signal, sur les points où leur présence était nécessaire.

Les attaques dirigées contre le Pétang présentent le même caractère que celles que nous venons de décrire aux légations, mais avec plus de violence et d'acharnement toutefois. C'est à peine en effet si elles se ralentirent un peu au moment de l'espèce de trève qui suivit, à Pékin, la prise de Tien-Tsin. Dans cette lutte de tous les instants, l'enseigne de vaisseau Henri déploya une énergie indomptable, un admirable dévouement jusqu'au moment où, le 20 juillet, une mort glorieuse vint priver les assiégés de son habile direction. On pria alors l'enseigne de vaisseau Olivieri de vouloir bien le remplacer, et celui-ci s'étant récusé, ce fut le simple quartier-maître Elias qui prit le commandement de l'enceinte sud et qui en dirigea la défense jusqu'au jour de la délivrance.

Sa tâche était cependant bien difficile, car aux morts, aux blessés causés par les projectiles de toutes sortes et l'explosion des mines — une seule mine écrasa 80 personnes — étaient venues se joindre les victimes d'une épidémie de petite vérole ; et pas un médecin au milieu de ces malheureux. Puis ce furent les horreurs de la famine. Dès le 22 juin, il fallut réduire la ration journalière à une livre par personne ; on s'ingénia alors, on mangea des racines, des feuilles d'arbres bouillies ; le 10 août, la ration fut réduite à 2 onces ; enfin le 16 août, jour de la délivrance, il ne restait plus en tout que 400 livres de nourriture pour les 3 000 survivants de ce siège héroïque.

Tels sont les événements qui ont eu pour théâtre la province du Pé-Tchili et qui se sont déroulés depuis le début des hostilités jusqu'à l'occupation de Pékin par les troupes internationales. Ce sont les seuls événements de cette guerre qui aient présenté une réelle importance. Toutefois, afin de donner à la question une idée plus générale, je ne crois pas sans intérêt de dire, avant de terminer, deux mots sur les faits qui se sont passés dans les autres provinces de Chine, à cette même époque.

Au Yunnan, dès le mois de juin, notre représentant, M. François, fut assailli dans sa résidence par des bandes armées ; il ne put regagner le Tonkin, sans la protection de réguliers Chinois, que grâce à l'attitude énergique du gouvernement français, qui rendit la cour impériale responsables de toutes les avanies faites à nos nationaux. Pendant toute la guerre, des mouvements de troupes chinoises eurent lieu dans le voisinage de nos frontières du Tonkin et, dans notre colonie elle-même, les révoltes partielles et les émeutes des Annamites devinrent plus fréquentes que jamais. Cette double menace nous obligea à restreindre l'envoi à Takou de nos troupes d'Indo-Chine.

Tchéfou, grâce à la proximité de la flotte internationale, ne fut pas inquiété.

A Canton, à Fou-Tchéou, les Européens eurent des périodes d'angoisse, mais ne furent jamais sérieusement menacés ; des bâtiments détachés de l'escadre internationale, assurèrent leur protection ; les femmes et les enfants avaient été, d'ailleurs, pour la plupart, envoyés au Japon.

Les Anglais avaient depuis longtemps en vue la possession de tout le Yang-Tsé ; fidèles à cette politique, ils voulurent, après la délivrance de Tien-Tsin, débarquer des troupes à Shanghaï. L'amiral Seymour alla voir le vice-roi de Nankin, tout-puissant dans la région ; il lui déclara avec un aplomb tout britannique que les Européens, inquiets pour leur sécurité, s'étaient entendus pour se mettre sous la protection des troupes anglaises, et il lui demanda l'autorisation de débarquer un certain nombre d'hommes. Le vice-roi ne se laissa pas arracher son consentement et l'amiral était déjà décidé à passer outre, lorsque notre consul à Shanghaï, M. de Bezaure, informé juste à temps des agissements des Anglais, réunit le corps diplomatique pour examiner la question. Le conseil tenu s'opposa formellement à l'exécution de ce projet. Les Anglais dévorèrent leur affront en silence et, pendant trois jours, leurs transports, chargés de troupes, stationnèrent inactifs le long des quais. Le corps diplomatique les autorisa alors à débarquer, de peur que leur déconvenue, en leur faisant perdre la face vis-à-vis des Chinois, ne diminuât le prestige des alliés ; mais, en même temps, fut mise à terre une compagnie de débarquement française ; un bataillon entier arriva peu après d'Indo-Chine et bientôt, les Russes, les Allemands, les Japonais se firent également représenter à Shanghaï. Toutes ces troupes n'eurent pas un coup de fusil à tirer.

En Mandchourie, les Russes eurent à soutenir une lutte
sérieuse pour venger leurs missions et rétablir leur chemin
de fer ; mais, en dehors du Pé-Tchi-Li et des pays limitrophes, c'est la seule province qui fut sérieusement
troublée par l'insurrection de 1900.

III

L'avenir en Extrême-Orient. — Le péril jaune, le péril prochain.

Il m'a paru intéressant, dans la troisième partie de cette conférence, de traiter en quelques pages une idée très à la mode et qui se résume en deux mots : « Péril jaune ».

Je poserai ensuite quelques points d'interrogation au sujet de l'avenir en Extrême-Orient.

Que faut-il entendre par « Péril jaune » ?

Il y a quelques années, l'empereur Guillaume II, dans un dessin aussi tintamaresque que ses discours et que sa phraséologie, symbolisait la menace de l'invasion jaune, prête à fondre sur l'Europe et à terminer par un engloutissement général nos querelles intestines.

C'était une vague énorme de Célestes déferlant sur toute l'Europe, des hordes immenses de jaunes dévalant à grand fracas des plateaux du Thibet et de la Mongolie, renversant tout sur leur passage pour ne s'arrêter qu'à l'Océan Atlantique.

Le titre de ce dessin était, si je ne m'abuse : « Le Péril menaçant ». Si vous le voulez bien, Messieurs, nous l'intitulerons : « Une Utopie du Kaiser ». Je m'expliquerai plus loin.

Et cependant, il est des gens autorisés qui croient à l'invasion jaune et qui écrivent, dans des livres sérieusement traités, des phrases aussi simples que les suivantes :

« L'invasion des Chinois, dont on menace l'Europe sous le nom de « Péril jaune », sera-t-elle facilitée par les nombreux chemins de fer dont le sol du Céleste Empire va être sillonné ? C'est ce qu'il est permis d'admettre, étant donné l'aptitude des Chinois à profiter des nouveaux moyens de communication pour s'expatrier..... C'est un torrent qui s'écoulera de la Chine sur les autres pays. »

Encore une fois, utopie au même chef que le dessin de l'empereur Guillaume.

Si je me permets, Messieurs, de juger cette question d'une façon si affirmative, c'est que j'ai eu la bonne fortune de pouvoir en causer longuement, tant pendant mon séjour en Chine, soit avec des Missionnaires, soit avec des membres de la légation de France, qu'au cours de ma traversée de retour, soit avec notre consul général à Changhaï, M. de Bezaure, qu'avec notre ministre plénipotentiaire au Japon, M. Harmand.

Je repousse donc toute idée du « Péril jaune » considéré au point de vue d'une invasion du monde occidental, pour les raisons suivantes :

Bien que les Chinois soient 350 ou 400 millions, ce sont tous de petits propriétaires cultivant avec amour et profit un minuscule coin de terre, ou de petits commerçants absorbés dans leur négoce, ou encore des ouvriers accomplissant avec une inlassable patience les plus humbles besognes.

L'histoire n'offre pas d'exemple d'une invasion faite par de petits propriétaires et de petits commerçants.

Le danger jaune n'est pas là.

Il y a place pour tout le monde en Chine et il y aura place encore pendant des siècles et des siècles pour tous, malgré l'accroissement constant de la population de l'Empire aux « Cent familles ».

Race sobre, tenace, économe, laborieuse, les Chinois ne sont pas des conquérants, ils sont et surtout ils pourraient être des producteurs. Le péril prochain est un péril économique ; il sera imminent lorsque des peuples plus hardis, moins enfoncés dans une routine séculaire, disposant de capitaux et de soldats auront commencé cette mise en valeur de la Chine dont ils se disputent déjà les profits.

La vieille Europe en important ses machines et ses procédés industriels en Extrême-Orient a éveillé l'attention des peuples dont elle avait fait nos clients ; elle les a mis peu à peu en état de se suffire à eux-mêmes au lieu de nous acheter nos produits, puis de fabriquer et de vendre à leur tour tous ces produits à la place des nôtres. Elle a transformé en un mot les consommateurs en vendeurs et les clients en concurrents.

Comment pourrons-nous lutter contre l'invasion croissante de ces produits livrés à un bon marché qui nous semble inconcevable ?

L'avenir est très inquiétant à ce point de vue car il nous est impossible de produire à des prix aussi minimes ; alors que notre ouvrier ne se contente plus de salaires élevés, certaines filatures du Japon, notamment, comptant plus de 5 000 ouvriers travaillant douze heures par jour, ne leur donnent en moyenne que 40 centimes par jour, et sur cette somme est prélevée une retenue obligatoire pour subvenir aux frais de maladie.

Le voilà le vrai péril, péril immense si les ambitieux japonais mettaient en pratique le principe qui depuis quelques années germe dans leur cerveau : « l'Asie aux asiatiques ».

L'avenir en somme est assez sombre envisagé de cette sorte, il l'est également au point de vue politique.

Sera-ce la rénovation du plus vieil état du monde par l'adoption des idées et des méthodes de l'Europe ou par l'alliance japonaise ?

Sera-ce le partage de la Chine entre les diverses puissances à la suite d'une entente ou d'une guerre universelle ?

Sera-ce la dislocation de la Chine à la suite de troubles intérieurs ?

Toutes les prophéties sont admissibles, mais ce qui semble le plus vraisemblable c'est de voir figurer un jour sur les cartes du monde un Empire colossal issu de l'alliance de la Chine et du Japon ; les Etats-Unis d'Asie.

Evidemment la régénération de la Chine par le Japon sera chose longue et difficile, mais même dans leurs discordes, les Japonais n'ont jamais oublié qu'ils étaient les cadets des Chinois. Patiemment ils ont déjà commencé l'éducation de leurs grands frères ; ne souhaitons pas que la vivacité japonaise secoue trop vite la torpeur chinoise !

Avant de traiter la troisième partie de ma conférence un article additionnel s'impose, relatif au traité anglo-japonais qui vient de se conclure ces jours derniers.

Les grandes lignes de ce traité sont les suivantes :

1° Maintenir l'indépendance de la Chine et de la Corée ;

2° Intervention commune en Chine ou en Corée au cas où des troubles intérieurs viendraient à éclater ;

3° En cas de guerre de l'une des parties contractantes avec une autre puissance, guerre provenant de questions relatives à la Chine ou à la Corée, l'autre partie reste neutre et s'efforce d'obtenir la neutralité des autres puissances, si elle ne le peut elle fera la guerre en commun avec la partie engagée.

Que faut-il voir dans ce traité pour l'avenir ?

D'abord une chose palpable, c'est qu'il est la preuve écrite que le gouvernement anglais, en raison de la prolongation de la guerre Sud-Africaine, se sent atteint dans son prestige et dans sa force.

Il n'est plus capable de sauvegarder seul les intérêts immenses qu'il a en Extrême-Orient et il prend un allié, et c'est le Japon qui se laisse prendre à l'amorce.

Quand on a une jambe cassée, on prend une béquille. La béquille ici, c'est le Japon ; l'alliance n'en est pas moins boiteuse, telle qu'elle nous est divulguée.

Mais n'y a-t-il pas un autre pseudo-allié qui, en sous-main, a orienté la politique japonaise ? Il est à présumer que si, car les Japonais n'ont jamais eu à se louer de l'Angleterre dans la campagne terminée par le traité de Simonosakhi et dans la dernière campagne ils ont pu la juger politiquement, jalouse et militairement, faible.

S'ils ont pris ce parti, c'est qu'ils sont soutenus par l'Allemagne ou les Etats-Unis, ou qu'ils espèrent leur appui, s'ils ne l'ont déjà.

Alors l'alliance n'est plus boiteuse et la question est très grave. La question d'Extrême-Orient va évidemment s'aiguiller sur une autre voie.

Russes en Mandchourie, Français au Tonkin, Allemands à Kiao-Tcheou, Anglais un peu partout, Japonais chez eux, que de difficultés vont surgir ! car chacun tient à ce qu'il possède et tient aussi à exercer une influence prépondérante dans ces questions jusqu'alors irrésolues.

Je ne regrette pas, Messieurs, d'avoir été si long dans cette deuxième partie ; nous sommes peut-être à la veille de graves complications et il nous appartient de savoir tout ce qui touche à l'Extrême-Orient, où notre pays, où nous-mêmes pourrons peut-être avoir un rôle à jouer dans un avenir peu éloigné.

IV

Notes sur les différentes armées ayant joué un rôle en Chine.
Leurs rapports entre elles.

Pour terminer cette conférence je parlerai des différentes armées qui ont eu à jouer un rôle en Chine lors de la dernière expédition et des rapports que chacune d'elles a entretenu avec l'armée française.

Et d'abord quelques mots sur l'armée ennemie ; l'armée du Céleste Empire.

L'armée chinoise, malgré de récentes réformes, a conservé l'organisation que lui donna, à son avènement en 1644, la dynastie actuelle ; elle manque d'unité.

Voici comment se groupent ses divers éléments.

1° L'ancienne armée des conquérants mandchous a formé l'armée dynastique des huit bannières ; ces troupes ont été soit réparties entre de grandes villes de province où elles forment de véritables colonies militaires, soit cantonnées dans les environs de Pékin et dans la capitale même ; leur valeur militaire, exception faite pour les troupes dites de campagne, est fort contestable ; leur armement est des plus hétéroclytes, arcs, lances, hallebardes, fusils à mèche. Elles compteraient environ 500 000 hommes de troupes sédentaires et 150 000 hommes de troupes actives.

2° L'ancienne armée des Chinois a été réorganisée sous forme de milice de police ou garde territoriale, constituée séparément pour chaque province ; sa principale occupation est de surveiller les rives des grands fleuves et du grand canal, principales voies commerciales de l'Empire. Cette armée est dite de l'étendard vert, son drapeau étant vert bordé de rouge avec le dragon brodé sur le fond. Une partie de ces troupes, constituée lors de la révolte des

Taï-Ping est l'unique portion exercée plus ou moins à l'européenne ; ce sont les « braves » ou les « exercés » auxquels il faut joindre les 35 000 hommes des troupes d'instruction du Pe-Tchi-Li établis depuis 1870 dans les environs de Tien-Tsin, bien armés et munis de canons Krupp.

Les soldats de l'étendard vert répartis en 20 corps compteraient 650 000 hommes.

3° Les milices mongoles (120 000 h) et thibétaines (64 000 h).

Le total donne une armée sur le pied de paix ou de guerre de près d'un million et demi d'hommes ; mais tranquillisons-nous, ce chiffre est complétement fictif et cette armée n'existe que sur le papier.

Le fameux réformateur Kang-You-Weï, dont j'ai eu l'occasion de parler plus haut, avait bien essayé de rénover l'armée qui est le ramassis de tous les faubourgs des grandes villes et dont les chefs sont des ignares invétérés, en adoptant des méthodes d'instruction européenne ; mais dès que cet homme intelligent fut parti et embarqué sur le bâtiment de guerre anglais qui le dérobait au châtiment encouru, son impérial disciple se hâta de changer d'avis.

« Nous ordonnons, disait-il, dans un édit destiné à préparer la reconstitution de l'armée chinoise que dans les examens, du baccalauréat, de la licence et du doctorat militaires, on fasse subir aux candidats, comme par le passé, les diverses épreuves consistant à bander l'arc, à tirer des flèches à pied et à cheval, à faire le moulinet avec le sabre et à soulever la grosse pierre. »

Cet édit date de fin 1899 et je le tiens d'un Missionnaire qui l'a eu sous les yeux.

Quant à la pratique des armes à feu, le Fils du Ciel ne la rendait obligatoire que pour les bacheliers, licenciés et docteurs servant effectivement sous les drapeaux ; il y en a peu.

Voici d'ailleurs la façon dont se passent les examens des futurs officiers chinois.

Les candidats comparaissent devant un jury composé du préfet, du sous-préfet, de l'examinateur de la province et de trois mandarins militaires, simples figurants chargés de dire « amen » aux décisions des civils, leurs supérieurs hiérarchiques qui seuls comptent.

A tour de rôle, chacun des candidats, comme les amants de Pénélope, bande l'arc, dont la longueur et le poids sont fixés par la loi et décoche 12 flèches de dimensions et de poids invariables, d'abord de pied ferme, puis de la selle d'un cheval au galop.

Les pauvres seuls ne font pas mouche......

Le sabre est un fauchard énorme, long de 3 mètres, dont la lame épaisse, courbée en couteau à fromage, longue de 80 centimètres, est munie d'un manche énorme.

Celui des bacheliers pèse 40 kilos, celui des licenciés 52, et celui des docteurs 60. Heureusement pour les ambitieux que les Chinois n'ont pas encore adopté l'agrégation. Il faut saisir cette arme d'une seule main et exécuter trois moulinets au-dessus de sa tête.

La dernière épreuve consiste à soulever un prisme de pierre, carré, sans autre prise que deux encoches, et qui pèse 100 kilos pour le baccalauréat, 125 pour la licence, et 150 pour le doctorat.

Quand on a satisfait à ces épreuves on est un bon général.

N'est-il vraiment pas triste d'avoir à rappeler que des athlètes de cette force ont été battus sans effort par les petits Japonais.

On peut concourir à tout âge et échouer indéfiniment, sans perdre l'espoir du bouton de corail qui décore les élus. A ce propos, un vice-roi de Canton fut destitué parce qu'il avait fait passer par pitié un vieil étudiant de quatre-vingt-quatre ans, qui, battu chaque année, revenait toujours à la charge. La vocation militaire existe donc quelquefois en Chine.

Quoi qu'il en soit, dans un pays où le métier militaire est considéré comme le dernier de tous, où la carrière des armes est regardée avec dédain, il est impossible de constituer une armée forte et puissante.

Chacun sait, en effet, combien le caractère du Chinois est pacifique. Remarquablement doué pour les affaires commerciales, excellent agriculteur, le Chinois éprouve pour la guerre une horreur instinctive et n'est jamais arrivé à surmonter le dédain naturel qu'il éprouve pour le métier des armes. Les mandarins militaires ont grand'-peine à recruter leurs soldats, êtres inactifs, parmi les misérables coolies qui peinent tout le jour, pour gagner une poignée de riz.

Au combat ces gens-là font des soldats déplorables. Non par manque de courage, car au contraire, le Chinois possède, à un degré étonnant, la bravoure passive devant la mort ; dans toutes les exécutions capitales, par exemple, on trouve chez le condamné un sang-froid, qu'il est difficile de ne pas admirer. La dernière expédition nous en offre des exemples remarquables.

Le soldat chinois, quand il n'aura à déployer qu'un courage passif, pourra bien se comporter. On l'a vu à Takou, pendant le bombardement, à Tien-Tsin, pendant le siège, rester impassible sous une grêle de balles. Mais dès qu'il faudra s'élancer hardiment en avant et faire une attaque, il n'y aura plus personne.

De même la vue d'un homme se précipitant avec entrain sur lui, la baïonnette basse, sera un spectacle que le Chinois ne pourra supporter et il s'enfuira à toutes jambes.

Aucun élan, aucun entrain, aucune dignité.

Le matériel de guerre que la Chine a acquis pendant ces dernières années est remarquable, mais si le gouvernement a pu, avec de l'argent, construire des forts magnifiques et les doter d'excellents canons, il n'a jamais pu se procurer des soldats convenables ; la force morale ne s'achète pas.

Malgré les efforts des instructeurs européens, l'instruction militaire est déplorable ; le fantassin a peur de son fusil, il tire sans épauler, en fermant les yeux et croit avoir fait œuvre profitable et s'être battu comme un lion, quand il a tiré toutes ses cartouches et fait le plus de bruit possible en hurlant à pleins poumons.

L'artillerie est encore plus inférieure ; les exercices de tir au canon ont lieu une fois par an pour l'artillerie de campagne et jamais pour l'artillerie de siège ; aussi n'est-il pas étonnant qu'au cours de la dernière campagne, on acquit la certitude que les artilleurs chinois ne chargeaient pas toujours leurs canons avec les projectiles du calibre correspondant, car les canonnières reçurent des obus de certains calibres, et l'examen des pièces correspondantes, fait après la bataille, prouva que ces pièces n'avaient pas tiré.

Pour en terminer avec l'armée chinoise, je ne résiste pas à vous raconter une anecdote typique que je tiens d'un Missionnaire attaché comme interprète au poste de Tchou-Tchéou que j'ai commandé pendant l'hiver 1900-1901. J'ai d'ailleurs retrouvé cette narration dans le *Tour du Monde*.

Un certain nombre de généraux et des plus réputés, mais formés par cette culture originale des examens dont j'ai parlé plus haut, furent chargés, en 1899, par Li-Hung-Chang de recevoir, le puissant matériel d'artillerie fourni par l'usine Krupp, pour les forts de Takou, Tien-Tsin, etc.

Voici comment ils s'acquittèrent de ce soin. Confortablement assis sur leurs hautes chaises, abrités par leurs parasols, la pipe à eau et le nécessaire du fumeur sur de petites tables devant eux, ils attendaient que chaque pièce eût tiré les coups d'essai réglementaires.

Cela fait, le plus haut gradé se levait, allait solennellement à la gueule du canon, y prenait de la suie avec son index, le léchait et hochait plusieurs fois la tête approbativement.

Chacun de ses acolytes, à son rang hiérarchique, faisait la même chose que lui, et la pièce était acceptée.

Insister après cela sur la valeur de l'armée chinoise me semble superflu, et je passe à l'armée japonaise.

Armée Japonaise.

Dans le numéro du Journal du 12 décembre dernier nous pouvons lire, sous la signature XXX, une Etude vécue sur l'armée japonaise telle qu'elle s'est révélée en Chine aux armées européennes.

L'article en question, auquel j'emprunterai de nombreux passages, commence ainsi :

« Quel que soit le petit froissement d'amour-propre que puissent en ressentir les armées de la vieille Europe, il n'est pas douteux aujourd'hui, pour ceux qui assistèrent à la guerre de Chine, que de toutes les troupes alliées ce furent celles du Japon qui se comportèrent le mieux. Comme bravoure, discipline, organisation et connaissance approfondie de la guerre moderne, les Japonnais firent l'admiration générale. A eux le prix d'excellence. »

Je serais évidemment mal venu de dire le contraire, et je conviens, avec XXX, que les Japonais ont été admirables d'entrain, de courage et de valeur, mais ont-ils été dans cette campagne absolument identiques à eux-mêmes; je ne le crois pas.

Si nous devons leur reconnaître une valeur militaire incontestable, il faut aussi faire une grande part à l'orgueil qui les faisait marcher.

C'est un orgueil étonnant, insensé, déplacé même, qui a fait sacrifier inutilement, sans la moindre hésitation, des hécatombes de victimes, pour permettre au Japon de se poser en grande nation et de jouer les grands rôles.

Les petits Nippons avaient à cœur de montrer aux colosses Slaves et Germains qu'ils savaient comme eux marcher à la mort sans sourciller; ils l'ont fait, mais ils ont forcé la note.

Avec des adversaires comme les Chinois ils ont pu commettre ces belles folies d'héroïsme que chacun admire parce qu'ils savaient que malgré leurs pertes énormes le succès était assuré, mais quel procédé déplorable que celui de ce général japonais qui par orgueil ne veut pas combattre en soutien, déploie ses troupes en plaine rase et en quelques instants perd la moitié de son effectif.

Quoi qu'il en soit, et quel que soit le mobile qui ait animé les généraux japonais, nous n'en devons pas moins constater que c'est grâce à leur ardeur d'aller de l'avant que nos Diplomates et nos Missionnaires doivent d'avoir eu la vie sauve. Je ne puis passer sous silence l'action impulsive donnée aux autres armées par l'armée japonaise, aussi en quelques mots, vais-je retracer, avec XXX, les phases les plus saillantes de la campagne.

Lors de la marche de la colonne Seymour, le détachement japonais, par suite de son minime effectif, ne put guère attirer l'attention. Mais dès le début du siège de Tien-Tsin, il en fut autrement.

Comme le Japon ne possède pas de concession à Tien-Tsin, le consul général de France, M. du Chaylard, offrit au détachement de cette nation un cantonnement dans la concession française qui fut la plus exposée et la plus maltraitée.

La gare du chemin de fer, comme nous l'avons vu dans le chapitre II, fut l'objectif constant des attaques chinoises. Sa défense fut confiée à trois détachements français, anglais et japonais. A tous les combats, ceux-ci, malgré leurs grosses pertes, se comportèrent admirablement. Pendant l'attaque du 11 juillet, la plus chaude, les marins anglais du *Centurion* et les Shicks battirent en retraite comme par hasard. Ce sont les Japonais qui vinrent aussitôt avec les Français boucher le trou néfaste pratiqué ainsi dans la ligne de défense, au moment le plus critique.

Si les Chinois eussent profité de cette brèche, Tien-Tsin était perdu, par la défection des soldats britanniques, et la retraite sur Takou s'imposait.

Encore une feuille de plus à ajouter à la couronne de lauriers de l'Angleterre !

Mais c'est surtout à la grande bataille du 13 juillet, à la

prise de la cité chinoise de Tien-Tsin que les Japonais eurent une belle page.

Pendant que les Russes sur la rive gauche du Peïho, attaquaient les batteries du canal de Luttaï, le reste des alliés sur la rive droite, exécutait l'attaque principale. Il s'agissait d'enlever la cité murée de Tien-Tsin, grand rectangle entouré de murailles fortifiées et précédé à l'Est d'un immense faubourg bondé de Chinois armés.

Entre ces positions et l'armée alliée établie à l'arsenal de l'Est, s'étendait une vaste plaine marécageuse. Une large digue de 1 500 mètres de long la traversait complètement formant la seule route possible de l'arsenal au faubourg. Les Français, les Japonais, les Américains et les Anglais devaient accomplir cette attaque. On ne pouvait l'exécuter que par la voie unique en enlevant successivement tous les groupes de maisons qui s'y trouvaient et en utilisant ensuite celles-ci comme abri des troupes d'attaque.

Les Français, les premiers, engagèrent l'action et malgré de grandes pertes, l'infanterie de marine enleva à la baïonnette le premier groupe de maisons et s'y établit pour préparer, par un feu nourri, l'attaque du deuxième groupe.

C'est alors que l'on vit un spectacle vraiment émouvant. Le général japonais, voyant le premier succès des Français, lance un ordre à ses troupes. La canonnade et la fusillade font rage. Au-dessus du vaste marécage, d'un bord de la plaine à l'autre, les projectiles se croisent. On croit que les Japonais vont avancer sur la digue derrière les Français pour les soutenir ; il n'en est rien.

Fidèle à l'orgueilleuse devise de sa nation : « Le Japon au premier rang », le général japonais ne veut pas combattre en soutien et lance ses troupes dans la plaine. Une à une on voit les compagnies nippones, avec un calme et une régularité de parade, descendre dans le marais situé à droite de la digue et là, sans un mur, sans un talus, sans un arbre pour les protéger elles se déploient régulièrement avançant lentement dans cette vase où l'on enfonce jusqu'aux genoux, amènent leur ligne de tirailleurs jusqu'à hauteur de l'endroit où les Français combattent sur la digue.

Les projectiles chinois s'abattent en trombe sur cette troupe complètement à découvert, dont la ligne nettement dessinée, offre une cible superbe aux coups de l'ennemi.

En un instant, les rangs japonais sont fauchés sur place, de larges trous sont creusés dans leurs lignes, mais des renforts immédiats comblent les vides. Accroupis dans la vase, les petits Nippons, avec des gestes de poupées, tirent sans discontinuer.

Cependant l'arrivée des Japonais, en attirant sur eux une grande partie des coups chinois, apporte un soulagement utile aux Français, combattant sur la digue. Successivement ceux-ci enlèvent à la baïonnette le second groupe de maisons, puis tous les autres. Chaque fois qu'ils s'établissent dans les masures qu'ils viennent de conquérir, on voit la ligne japonaise enlevée par ses chefs, se précipiter en avant et s'arrêter seulement à la hauteur des Français. Chacune de ces positions successives reste ainsi marquée dans la plaine par une ligne noire de tués et de blessés.

Enfin le résultat est acquis et Japonais et Français couchent le soir dans les faubourgs. Des Américains et Anglais on n'a aucune nouvelle ; ils ont soutenu à grande, à très grande distance.

Mais ce n'est pas tout ; le lendemain matin pour donner l'assaut à la ville, il faut faire sauter l'énorme porte de la cité.

Les Japonais s'offrent pour cette mission périlleuse entre toutes, et éprouvent une véritable déception quand ils s'aperçoivent que pendant la nuit les Chinois ont fui et que la ville est déserte.

Sur les 950 tués ou blessés de la veille, les Japonais en comptent 390. Chaque bataille est ainsi marquée par la crânerie japonaise.

Au bombardement de Takou, le commandant de la seule canonnière présente, l'*Akagi*, constate avec douleur que son bâtiment, désemparé par une avarie de machine, ne pourra venir se joindre à ceux des autres nations pour canonner les forts. Sans hésiter, il débarque tout son monde et au moment voulu il donne l'assaut.

Au bout de quelques pas, le commandant japonais tombe raide mort d'une balle en plein front. Les marins continuent à avancer et enlèvent en dix minutes les batteries chinoises.

A la bataille de Pe-Tsang, même entrain ; à la prise de Pékin, où, seuls Russes et Japonais prennent une part effective, ce sont ces derniers qui, au prix d'efforts inouïs, enlèvent les murailles ; pendant le siège des légations, enfin, le colonel Shiba y déploie une intelligence remarquable et une audace qui ne se dément pas un instant, au point de le faire citer par sir Robert Hart comme le deuxième héros de la défense, le premier étant, de l'aveu du même Robert Hart, notre compatriote, le lieutenant de vaisseau Darcy.

Je le répète, il serait malsonnant de vouloir amoindrir les exploits héroïques, réfléchis ou non, de l'armée japonaise ; mais il ne faut pas exagérer, et la mettre au premier rang des armées alliées est une exagération.

J'ai parlé précédemment de l'orgueil japonais, et j'y reviens. « L'Empire du Soleil levant, disait le général japonais, qui lançait ses troupes dans les vases du Peïho, doit marcher partout avec les grandes nations d'Europe ; avant elles si possible, après jamais ! »

C'est très crâne évidemment ; mais que de vies perdues pour le triomphe d'une idée si profondément orgueilleuse.

Certes oui, les Japonais ont marché partout les premiers, il faut le reconnaître, mais n'avaient-ils pas pour eux :

1º La connaissance parfaite de la médiocrité chinoise ;

2º Le désir immense de se faire valoir, et surtout le nombre dès le début.

Enfin, ce qui a permis à beaucoup de porter sans réserve le Japon au pinacle, c'est que l'armée japonaise a été pour tous une révélation. Chacun s'attendait à rencontrer une troupe de nains disgracieux et on s'est trouvé en présence d'une armée commandée, organisée, équipée, disciplinée et, comme en France on a l'habitude de ne voir que ses défauts personnels pour exalter les qualités d'autrui, on a fait des Japonais les premiers soldats du monde.

Ne nous y trompons pas, les Japonais ont encore beaucoup à acquérir ; il n'existe pas encore chez eux de tradition militaire, ils n'ont pas de branche. Le Japon arrivera probablement à occuper une bonne place auprès des grandes nations, mais pour le moment, le Soleil levant n'est encore qu'à quelques degrés au-dessus de l'horizon et nous pouvons le regarder en face sans être aveuglé de ses rayons ; nous n'avons pas le droit d'avoir la vue faible.

Armée Anglaise.

Ce n'est certes pas pour que l'antithèse soit plus flagrante que je viens vous parler maintenant de l'armée anglaise et de son rôle peu glorieux en Chine, après avoir admiré les actes d'héroïsme, réfléchis ou non, des Japonais.

Comme sur bien des champs de bataille, l'Angleterre n'a pas brillé en Chine ; elle a même été très inférieure.

Elle disposait de deux sortes de troupes différentes : celles de l'Inde et celles de la métropole.

Les troupes venues de l'Inde formaient la presque totalité du contingent britannique ; les autres troupes, coloniales ou métropolitaines, étant en effet engagées au Transvaal.

L'impression produite sur tous les alliés par les troupes hindoues est d'une uniformité touchante. Elle peut se résumer ainsi : il est difficile de trouver des soldats d'une apparence plus belle, plus théâtrale même, mais aussi d'une plus réelle nullité.

Aux revues, tous les regards se dirigent vers ces troupes superbes, mais en campagne, devant l'ennemi, quelle désillusion ! Pas de résistance, pas d'énergie, pas d'entrain, pas de courage.

A la parade, le Sick, fier de sa tunique rouge, de son turban multicolore, de ses grandes bottes, se redresse superbement sur sa selle ; ses regards hautains en imposent et c'est à peine si, dédaigneusement, il ébauche un salut lorsqu'il croise un officier étranger ; mais au feu, son attitude est tout opposée, le regard hautain de tout à l'heure se change en clignottements furtifs, la belle assurance disparaît pour faire place à l'inquiétude la plus mal déguisée, inquiétude qui se change vite en stupeur si le feu augmente et pour peu que l'ordre d'avancer soit donné, on voit les belles tuniques rouges, les beaux turbans multicolores et les grandes bottes se heurter et se bousculer dans une fuite honteuse, méprisable. Je citerai des exemples, toujours avec XXX, pour ne pas être accusé d'exagération.

Pendant le siège de Tien-Tsin, qui dura du 15 juin au 13 juillet, sans un seul jour de répit, nous les avons vu faire défection le 11 juillet, à la défense de la gare, abandonnant leurs positions pour se blottir en désordre derrière des balles de coton et des tas de sel, sans que leurs officiers pussent les faire avancer.

A la bataille de Pe-Tsang, nous raconte XXX, pendant la marche sur Pékin, il se produisit un incident qui fit quelque bruit dans l'armée internationale. Au moment où les Japonais s'élancèrent à l'assaut des retranchements chinois, le général anglais voulut lancer en même temps les deux bataillons hindous qui se trouvaient à la gauche des Nippons. Le capitaine anglais, qui commandait une des compagnies déployées en tête, voulant profiter de l'exemple donné à ses hommes par le magnifique élan des

Japonais, lève son sabre et se précipite en avant en criant : « à l'assaut ! » Les Hindous ne bronchent pas. Le capitaine répète son cri d'une voix vibrante ; les lieutenants le répètent aussi. Personne ne bouge. Alors s'approchant d'un soldat, le capitaine lui place le revolver sous le nez, menaçant de l'abattre s'il n'avance pas. L'Hindou ne fait pas un mouvement ; le capitaine lui brûle la cervelle ; il passe alors à un autre et même cérémonie.

Voyant cela, les autres soldats lâchent pied complétement, se débandent et s'enfuient. Le capitaine reste seul avec ses deux lieutenants et deux sous-officiers indigènes.

A ce moment là, un bataillon allemand, d'un bel élan, s'avance derrière les Japonais pour les renforcer et arrive à hauteur du petit groupe. La mort dans l'âme, les officiers anglais se placent à la gauche des Allemands et chargent avec eux.

On pourrait citer vingt incidents analogues. Si maintenant nous passons aux troupes métropolitaines, les constatations à faire sont aussi concluantes.

On se plaît en France à parler du calme et du sang-froid britannique. Quelle grave erreur ! Jamais nervosité pareille n'a pu être constatée chez une sentinelle quelconque ayant deux mois de service et à quelque nation qu'elle appartienne.

A tout moment de fausses alertes que rien ne pouvait justifier ; au moindre bruit, sentinelles, petits postes, grand'gardes s'affolent et tirent dans toutes les directions.

C'est ainsi qu'une grand'garde tira des feux de salve sur une corvée de soldats russes, marchant en bon ordre, en rangs et qui avait été reconnue de tout le reste de la colonne. Deux Russes furent tués dont un, détail inouï, avait été lardé de coups de baïonnette ; l'affolement avait été tel que les Anglais s'étaient acharnés sur les blessés sans oser se pencher pour reconnaître à qui ils avaient affaire.

Pendant le cours de la colonne Seymour, les troupes

anglaises ont été au-dessous de tout ; défections conti-
nuelles, dépression morale constante, aucun élan, aucune
jeunesse, aucun courage.

Les exemples fourmillent de la lâcheté anglaise et le gouvernement britannique ne peut guère s'étonner du mépris
général professé par les alliés à l'égard du soldat anglais.

Russes, Français, Allemands, Japonais étaient unanimes
dans leurs sentiments ; il en était même résulté pour
l'armée anglaise une situation très précaire.

Les officiers n'étaient plus salués par aucun soldat
étranger et ses soldats européens ou hindous étaient
confinés dans leur secteur sans oser en sortir. Si par
hasard l'un deux s'aventurait dans un secteur étranger,
quel qu'il soit, il ne regagnait son cantonnement qu'après
une brimade d'ailleurs toujours assez brutale et dont la
plus commune était un bain forcé dans les vases du
Peïho. Les brimades du début dégénérèrent d'ailleurs
rapidement en rixes ; il y eut des tués, des blessés, et il
fallut l'énergie et la volonté des généraux français, russes
et allemands pour arranger bien des choses et éviter de
graves conflits. A ce moment la morgue anglaise n'existait
plus, c'est à qui se ferait le plus petit pour passer
inaperçu ; le mépris universel était le seul sentiment
qu'inspiraient ces piètres alliés.

Et c'est cependant devant des soldats anglais que le
colonel Marchand amenait le pavillon français à Fachoda,
pour y voir flotter, quelques instants après, les couleurs
anglaises !

Mais réjouissons-nous, le léopard anglais a les ongles
usés, il a du plomb au défaut de l'épaule ; une poignée de
paysans tient en échec depuis deux ans leur formidable
armée, détruisant enfin cette réputation de bravoure et de
sang-froid que l'Angleterre s'était plu à créer de toutes
pièces ; la campagne de Chine est venue confirmer les
opinions, le masque est tombé et le visage qu'il cachait
nous apparaît, lamentable !

La seule supériorité que nous devions accorder à l'armée anglaise, réside dans ses convois ; et quels convois !

Chaque officier subalterne a droit à deux voitures ; pour les officiers supérieurs on ne compte pas ; une voiture également par deux sous-officiers ; une voiture par escouade.

Au convoi, viennent encore s'ajouter les voitures de réquisition prises au cours de la route et où l'on entasse les souvenirs que l'on prend en chemin.

Grouillant au milieu de ces innombrables véhicules, vient l'armée des boys, et elle est nombreuse, puisque chaque soldat hindou a son domestique.

Au cours de la colonne de Pékin à Paoting-Fou, que j'ai eu l'occasion de faire sous les ordres du général anglais Gasselee, j'ai compté dans le convoi anglais jusqu'à 196 voitures pour deux escadrons de lanciers du Bengale et un demi bataillon hindou !

Les Chinois qui, d'ailleurs, sont fins observateurs et qui voyaient cet encombrement de voitures, de boys, de porteurs, avaient baptisé l'armée anglaise, l'armée des coolies ; le mot fit fortune, et le surnom resta.

Armée Russe.

S'il fallait juger l'armée russe par les troupes envoyées en Chine, la réputation de l'une des premières armées du monde en souffrirait certainement.

« A côté des bons éléments métropolitains (XXX), elle n'aligna que des troupes sibériennes recrutées parmi des peuplades peu civilisées et qui sont loin de valoir les excellentes troupes de la Russie occidentale. »

Malgré cela, la caractéristique de ces soldats, qui ont été, avec les Japonais, les principaux acteurs du drame, se résume en quelques mots : courage superbe, endurance à toute épreuve.

Le courage des Sibériens est vite devenu légendaire au Pe-Tchi-Li. Grisés immédiatement par le sifflement des balles, ils devenaient de véritables fauves ne connaissant plus ni dangers, ni obstacles, et rien ne pouvait résister à leur élan farouche, que ne pouvaient même pas arrêter leurs officiers.

Il est clair que si un jour ou l'autre on mettait quelques régiments de ces bouillants soldats en face des troupes hindoues, le spectacle ne serait pas banal, mais il n'y aurait qu'un acte ; la bouchée serait vite avalée.

Excellents tireurs, très braves, très robustes, et d'un moral très sûr, les soldats sibériens possèdent en outre une endurance physique étonnante. Nos soldats, qui étaient très entraînés et qui se sont admirablement comportés en toutes circonstances, pendant les colonnes surtout, ont souvent voisiné avec eux. Ils étaient stupéfaits de voir les chasseurs de Sibérie, après d'énormes étapes de 30 à 40 kilomètres en pays difficile, exécuter, dès l'arrivée au cantonnement, des exercices en rangs serrés pendant plus d'une heure.

A cette robuste endurance, il faut ajouter une simplicité d'alimentation particulière, les Sibériens se contentant d'un seul repas par jour et d'une nourriture peu raffinée. La tradition constante en Asie, consiste à doter tout corps d'infanterie d'un petit groupe de cosaques chargés spécialement de pourvoir à l'alimentation des fantassins. Ces cavaliers sont appelés « Cosaques ravitailleurs » et s'acquittent généralement de leur mission avec un succès inattendu, même dans les contrées considérées comme pauvres et stériles.

A côté de ces importantes qualités, les troupes sibériennes ont malheureusement montré de grandes faiblesses, comme tactique surtout. Il est clair que les magnifiques assauts constituent à peu près toute la tactique de combat de ces bouillants soldats. Formations compactes, attaques de front brutales, en masses profondes, sont les caractéristiques principales de leur utilisation pendant l'action.

Aussi il fallut voir le bilan de leurs pertes.

A la prise de Tien-Tsin, le 13 juillet, les Russes du général Stœssel, au nombre de 3 000 environ, exécutèrent à peu près seuls l'attaque de la rive gauche du Peïho contre les batteries de Luttaï. Dans cette opération, qui n'était pas la plus importante de la journée, les Russes se comportèrent avec leur intrépidité habituelle. Après l'heureuse explosion provoquée par les pièces de la batterie française adjointe aux Russes (batterie du capitaine Joseph), les colonnes sibériennes, en masses profondes et compactes, bien entendu, s'emparèrent des batteries chinoises, mais avec quelles pertes ! Dans cette fameuse journée, qui coûta aux alliés le chiffre respectable de 950 tués ou blessés, les Russes seuls comptèrent environ 400 des leurs.

La colonne de la rive droite, celle qui enleva le faubourg et la cité chinoise et eut le plus gros effort à produire, engagea 6 000 hommes (Japonais et Français en majorité, puis Américains et Anglais). Ses pertes, malgré la résistance opiniâtre des Chinois sur ce point, furent proportionnellement beaucoup plus faibles. On sait que Pékin fut pris par les Japonais et les Russes, agissant de deux côtés différents. Là, le bel élan des Sibériens trouva une magnifique occasion de s'employer, et d'une façon très rationnelle. Quand la porte monumentale de la muraille chinoise eut été abattue par l'artillerie, il fallut lancer la colonne d'assaut sur un large terrain complètement découvert. Fusillade et canonnade faisaient rage en ce moment ; des trombes de mitraille s'abattaient sur cet espace absolument nu. Le colonel russe n'eut pourtant qu'à lever son sabre et faire entendre une seule fois son commandement strident : la colonne entière s'élança sans hésiter. Les premiers rangs furent fauchés presque complètement ; des hécatombes de victimes jonchèrent le sol ; mais l'élan ne put être arrêté, et la colonne pénétra dans les murs de la ville.

Le même jour, les Japonais, au prix d'efforts analogues,

y entraient par une autre porte. Quant aux Anglais, lorsque les réguliers chinois, refoulés par les Russes et les Japonais, abandonnèrent les remparts de la ville, ils profitèrent d'un égout passant sous les murailles pour pénétrer, sans coup férir, dans la cité abandonnée, et arriver bons premiers, sans perdre un seul homme, aux légations, où ils furent naturellement acclamés en libérateurs.

Ainsi, le côté faible de ces troupes russes semble être surtout leur tactique de combat, qui n'a pas subi, depuis l'adoption des armes modernes, les modifications que la précision des feux actuels impose absolument.

Une autre critique peut s'adresser encore aux régiments sibériens : les hommes ne sont pas suffisamment encadrés d'officiers. La nature même de ces soldats devrait faire augmenter le nombre des chefs. Or, les compagnies d'infanterie, fortes de 150 à 200 hommes, n'ont, la plupart du temps, que 2 officiers : c'est insuffisant. On le constata souvent ; de grosses erreurs en furent les conséquences. La fatale méprise de Shan-Aï-Kouang, entre autres, où une troupe d'une centaine de Russes, croyant avoir affaire à des Chinois, tira sur nos zouaves et les chargea, tuant 2 sous-officiers, blessant un officier et 6 hommes, est due certainement à l'absence de tout officier dans le détachement russe en patrouille.

La cavalerie russe employée au Pe-Tchi-Li se composait uniquement de Cosaques sibériens. Ces excellents cavaliers, doués des mêmes qualités que les fantassins, ont un aspect plus farouche encore. Comme éclaireurs, ils sont d'une audace inouïe. En Chine, ils allaient, à des distances étonnantes de leurs colonnes, pousser des pointes à faire envie aux fameux uhlans allemands de 1870. Leur rôle, plus important cependant, fut le ravitaillement de l'infanterie ; ils l'accomplirent d'une façon énergique et fructueuse.

Inutile de dire que nos relations avec l'armée russe furent toujours empreintes de la cordialité la plus sincère, de la fraternité la plus étroite.

Armée Allemande.

J'ai gardé pour la fin, Messieurs, l'armée allemande ; et j'ai à cœur de mettre au diapason certaines fausses notes qui ont impressionné péniblement les tympans à vibrer juste.

Dans la presse française deux camps se sont formés ; l'un accueillant avec joie les racontars de troupiers plus ou moins vantards, va jusqu'à affirmer que les relations entre Français et Allemands ont toujours été très amicales ; c'est le parti de l'insulte acceptée, de l'oubli nécessaire, de la veulerie étalée au grand jour ; l'autre, voulant réargir outre passe le noble but qu'il s'est assigné ; il exagère.

Entre ces deux partis devrait en exister un troisième, celui de la sincérité, je ne l'ai pas rencontré.

Je vais essayer, Messieurs, de mettre les choses au point ; je serai certainement moins éloquent que les auteurs qui ont essayé de fausser l'opinion publique, je serai, par contre, beaucoup plus sincère.

Et d'abord quel fut le rôle du maréchal de Waldersee, en Chine.

Le commandement du maréchal de Waldersee reposait sur une équivoque ; le fait est maintenant démontré. En toute cette affaire, l'empereur d'Allemagne a fait preuve d'une habileté d'un genre particulier. C'est lui et non point le Tsar qui a soulevé la question d'un commandement unique avec la ferme volonté de le revendiquer pour l'Allemagne.

Il a commencé à l'offrir à la Russie et à la France puis, pendant qu'on échangeait des vues sur la question avec une certaine lenteur, il a désigné de lui-même le maréchal de Waldersee et a demandé ensuite aux grandes puissances européennes de vouloir bien ratifier son choix personnel.

Voilà le tour de passe-passe tel qu'il faut le voir.

Par une habile manœuvre, notre gouvernement sut éviter

le piége tendu et neutraliser l'effort de l'empereur allemand.

La dépêche du président de la République, en réponse à
la notification de l'empereur Guillaume, a été publiée vers
la fin de septembre 1900. Il y est dit à peu près en ces
termes : « Le maréchal de Waldersee prendra naturellement, dans le conseil des généraux en chef envoyés en
Chine, la place prépondérante que lui assure son grade, et
le général Voyron saura prendre les mesures qu'il con-
viendra d'adopter pour assurer ses relations avec le grand
état-major allemand. »

Or, le conseil des généraux en chef n'a jamais fonctionné
et jamais un ordre émanant du maréchal de Waldersee
n'a pu parvenir au général Voyron, qui ne s'est jamais
départi de sa noble ligne de conduite adoptée dès le principe : l'indépendance absolue de notre corps expéditionnaire.

Quelles étaient donc les troupes que commandait le maréchal allemand ? Le *Figaro,* dans un excellent article, va
nous l'apprendre :

« Les Anglais n'avaient que des officiers sans soldats, car
il est difficile de donner ce nom à ces frileux et maigres
indigènes de l'Inde, qui ont eu la charge de porter le drapeau britannique en Chine. Ils avaient doté le maréchal
d'un état-major luxueux : cela tient de la place et dans
les revues cela aide à l'illusion.

» Les Japonais s'étaient rangés sous la bannière du maréchal sans explication, pour faire comme les Européens ;
d'ailleurs, leurs destinées en Chine sont indépendantes ;
leur effort est bien à eux.

» Les Italiens et les Autrichiens continuaient à occuper
dans la combinaison la place hiérarchique que la Triplice
veut bien leur réserver.

» Quant aux Russes, il est impossible de se moquer plus
agréablement du monde qu'ils ne l'ont fait des Allemands
en cette circonstance. C'est le côté ironique de l'aventure.

» Je tiens de la bouche même d'un officier approchant de très près le général Linevitch, commandant en chef les troupes russes, cette déclaration : « Notre Empereur nous a mis sous les ordres du maréchal pour toutes les opérations qui pourront se faire au nord d'une ligne, passant par Pékin et dont les limites sont déterminées ». Ce renseignement a été signalé, je crois, à notre gouvernement par le général Voyron. Le jour même où le maréchal de Waldersee débarquait, le général russe quittait Pékin pour se replier à Tien-Tsin, en deçà de cette ligne, et de longues théories de troupes russes quittaient la capitale chinoise, se dirigeant vers la Mandchourie. Un mois après, il restait 200 cosaques à Pékin et à peu près autant à Tien-Tsin. Telle était la façon dont Nicolas II plaçait ses troupes sous le commandement du maréchal désigné par Guillaume II... Comme dit le prince d'Aurec : « Il y a la manière ! »

» Les Américains, eux, n'ont jamais voulu entendre parler du commandement allemand, et le général Shaffee a conservé résolument sa liberté d'action, un peu brutalement même à certains moments ; le malheureux général Schwarzhoff en savait plus long à ce sujet qu'on n'en peut dire ici. L'Amérique a, du reste, agi beaucoup plus par sa diplomatie que par ses armes : elle s'est toujours mise en travers de tous les grands projets d'intervention militaire.

» En définitive, Waldersee commandait les Anglais, les Japonais, les Italiens qui étaient peu et les Autrichiens qui n'existaient pas. Comme les Russes s'étaient retirés et que les Américains s'isolaient, la façade de son commandement allait dépendre de l'attitude prise par le corps expéditionnaire français. Voilà le fait important qu'il s'agit de bien mettre en lumière.

» Le premier échange de vues sur la situation se fit entre le général chef d'état-major Schwarzhoff et le général Voyron, dans la dernière semaine de septembre, quelques jours avant l'arrivée du maréchal. Le général Voyron, obéissant aux tendances naturelles de son tempérament, qui le porte à réduire au strict minimum son initiative personnelle dans les affaires diplomatiques, se plaça résolument sur le terrain de ses instructions et il **assura** que le corps expéditionnaire français prêterait son concours au maréchal pour toutes les opérations dont le but aurait un caractère d'intérêt général, avec cette restriction que ces opérations devraient être décidées et organisées par le Conseil des généraux en chef, dont le maréchal aurait naturellement la présidence. Le chef d'état-major allemand répondit alors brusquement : « Son Excellence le feld-maréchal ne réunira jamais le Conseil des généraux. »

» Cette parole devait avoir une portée considérable ; elle nous plaçait définitivement en dehors de la combinaison allemande, car le gouvernement français avait donné comme instruction au général en chef de conserver étroitement l'*autonomie* du corps expéditionnaire français. Or la volonté du maréchal était de soumettre aux régles absolues de la hiérarchie militaire, les contingents étrangers placés sous ses ordres.

» En supprimant le Conseil des généraux en chef, ce rouage qui aurait pu assurer la dépendance des corps français puisque le maréchal y disposait de la majorité des voix, il mettait le général Voyron dans l'obligation de discuter les questions militaires directement avec lui et par conséquent, au point de vue des relations, il le plaçait sur le pied de l'égalité.

» Or, dans toute cette affaire, le but réel de Guillaume II était de procurer largement à l'Allemagne les avantages économiques qui devaient être la conséquence naturelle du prestige extérieur considérable créé en Chine par la situation prépondérante du maréchal de Waldersee.

» Pour réussir dans son entreprise, le maréchal était condamné à ce travail de tous les jours, qui consistait à faire croire à la Chine et au monde entier que le corps expéditionnaire français, cette masse imposante de

16 000 hommes, contre-poids naturel des 17 000 Allemands, était noyé dans l'ensemble des contingents alliés.

» Par une manœuvre malhabile, il venait de nous rendre la liberté de nos allures dans le Pe-Tchi-Li. Nous devenions donc les maîtres absolus de la situation.

» Si les circonstances avaient été critiques, s'il avait fallu marcher énergiquement contre des armées chinoises, l'unité de commandement se serait imposée d'elle-même et il eût été désastreux d'arracher l'armée française du faisceau des forces alliées. Mais après la délivrance des légations, après l'ouverture des négociations avec les plénipotentiaires chinois, la situation ne comportait plus un tel sacrifice de notre amour-propre national. »

La question est donc parfaitement élucidée ; nous avons eu les coudées absolument franches et jamais un ordre émanant de l'état-major allemand n'a mis en mouvement une troupe française.

Si maintenant nous examinons le rôle joué en Chine par l'armée allemande, nous n'y trouvons rien de bien saillant ; les renforts étant arrivés un peu tard ; néanmoins, pour être sincère jusqu'au bout, il faut dire que l'impression produite sur les armées alliées par l'armée allemande fut excellente.

Comme tenue, discipline, instruction militaire et armement, elle firent l'admiration de tous. Un orgueil insurmontable, une confiance absolue en eux, une foi entière dans le succés font évidemment de l'armée allemande une force redoutable, mais nous n'avons rien à leur envier, et de l'aveu même du maréchal de Waldersee, c'est le corps expéditionnaire français qui marchait en tête : « Si j'avais un grand effort militaire à faire, disait le maréchal au général Voyron, je ne pourrais compter que sur vous ! » Et maintenant :

Quelles furent nos relations avec les officiers de l'armée allemande ? Quels furent les relations de nos hommes avec les soldats allemands ?

Comme je le disais précédemment, l'opinion publique a

été égarée et des relations correctes, mais pleines d'une froide dignité, on a voulu faire une fraternité d'armes toute amicale, blessante au dernier chef pour les officiers français qui étaient en Chine.

Si des photographes allemands ont affiché avec ostentation des groupes ou soldats allemands et français étaient entremêlés, il faut dire que ces photographes racolaient nos soldats et leur offraient leurs œuvres à titre purement gratuit. Je sais que bien souvent Allemands et Français se sont prêtés assistance dans les bagarres qui eurent lieu, les soirs d'excitation, quand il fallait rosser le guet anglais, mais je reste convaincu que ces relations de soldats emméchés étaient toutes de surface. Le général Voyron ainsi que tous les officiers du corps expéditionnaire eurent d'ailleurs à cœur de réfréner ces élans intempestifs, et le plus souvent les avances des Allemands furent faites en pure perte.

Quant aux officiers allemands, qui étaient le produit d'une sélection sévère faite au départ d'Europe par l'Empereur d'Allemagne lui-même et qui agissaient en vertu d'un mot d'ordre formel évident des grands chefs, ils purent déployer tous les artifices d'une courtoisie souvent obséquieuse sans ébranler la froide correction des officiers français.

Nos relations furent correctes, nos procédés pleins de dignité, il n'appartient donc à personne de critiquer notre attitude en Chine. Plus que tous, au contraire, en voyant notre ennemi opérer sous nos yeux, en le voyant si fort, nous avons rapporté de là-bas un regain de souvenirs, et s'il fallait dès demain entamer la lutte réparatrice des affronts reçus, le soldat français aurait vite oublié que pendant plus d'un an il a marché sous la même bannière que le vainqueur de 70 !

Armée Française.

Je ne voudrais pas terminer ma conférence sans dire quelques mots de l'armée française ; je passe à dessein sous silence les armées autrichiennes, américaines et italiennes, qui ont passé presqu'inaperçues.

Comme partout l'armée française a été à la hauteur de sa tâche et si de vils folliculaires ont essayé de ternir sa gloire en parlant de pillages, de fortunes faites et d'atrocités commises, ils ont continué leur basse besogne qui sert de programme à leurs feuilles malsaines.

Nous avons vécu sur le pays,—c'est le droit de la guerre.

Nous avons brûlé des villes et des palais,— c'est le droit de la guerre, quand de ces villes et de ces palais partent des coups de feu.

Nous avons opéré des prises conformément au réglement ; — c'est encore et toujours le droit de la guerre.

Mais que l'on ne vienne pas salir l'armée de Chine de calomnies honteuses ; l'armée de Chine est l'armée française tout entière et de ce que vous auriez fait là-bas vous-mêmes, vous pouvez déduire ce que nous avons fait.

Le maréchal de Waldersee disait au général Voyron que, de tous les corps expéditionnaires, c'est le nôtre qui produisit le meilleur effet en Chine ; voilà la vraie sanction, et de fait aucune puissance n'avait organisé ses troupes comme le furent les nôtres. Madagascar produisait ses fruits !

Nos fusils et notre artillerie de 75 firent l'admiration de tous ; notre équipement d'hiver était même exagéré ; nos convois, une fois organisés, fonctionnèrent admirablement bien ; nos hôpitaux étaient cités comme modèle et visités chaque jour par les officiers et médecins alliés ; enfin, notre entrain, notre allant, notre gai mépris des dangers et des rigueurs du climat en imposèrent à tous.

Lisez les rapports du maréchal de Waldersee, lisez le journal de sir Macdonald, lisez les comptes rendus du général Stœssel et du colonel Shiba, et vous verrez que nous pouvons être fiers de notre armée de Chine, car l'opinion émise par les étrangers offre la meilleure garantie d'authenticité, quand ces étrangers sont des Anglais qui nous détestent, des Allemands qui épient nos défauts, des Japonais qui nous envient.

Le corps expéditionnaire français a été ce qu'il devait être et ce que sera partout l'armée de France, courageux, honnête, généreux.

Ma conférence serait terminée sur ces mots si je ne tenais, Messieurs, avant de nous séparer, à vous associer à l'adieu ému que j'adresse à ceux de nos camarades qui sont tombés là-bas victimes glorieuses des balles chinoises ou qui ont succombé à la maladie ou aux rigueurs du climat. C'est à nous qu'il appartient de leur tresser des couronnes de laurier, c'est à nous qu'il appartient d'écrire leurs noms sur le livre d'or de l'armée française ; c'est à nous enfin qu'incombe le devoir sacré de proclamer leurs noms en y associant l'idée de Devoir, d'Honneur, d'Abnégation, de Patrie.

HILAIRE,	Capitaine d'Infanterie de marine.
LABROUSSE,	id.
HENRI,	Enseigne de vaisseau.
HERBER,	id.
CONTAL,	Sous-Lieutenant d'Infanterie de marine.
De DOUHET,	Capitaine d'Infanterie de marine.
SARLAT,	id.
PUJO,	id.
PIQUEREZ,	Lieutenant d'Artillerie de marine.

Reposez en paix ! nous ne Vous oublierons pas !

Fontenay-le-Comte, 15 Février 1902.

CAPITAINE PROUTEAUX.

Fontenay-le-Comte. — Imprimerie L.-P. Gouraud.